Roberto Tartaglione

verbissimo

TUTTI I VERBI ITALIANI

© 1998 ALMA Edizioni
tutti i diritti riservati

Printed in Italy
ISBN 978-88-6182-805-6

ALMA Edizioni
via Bonifacio Lupi, 7
50129 Firenze
alma@almaedizioni.it
www.almaedizioni.it

INTRODUZIONE

Questo manuale sulla coniugazione dei verbi irregolari in italiano è diviso in tre sezioni.

<u>LA PRIMA SEZIONE COMPRENDE I MODELLI DI CONIUGAZIONE</u>: qui troviamo le coniugazioni di tre **verbi regolari in -*are*, -*ere*, -*ire*** (modelli: *amare, credere, seguire*), dei **verbi in -ire con la caratteristica in -*isco*** (modello: *finire*), delle grandi **famiglie di verbi irregolari caratterizzate da una analoga terminazione** (per esempio verbi in -*igere*, in -*primere*, in -*suadere*, in -*sumere* ecc.) e infine, in ordine alfabetico, le coniugazioni **di verbi irregolari che hanno una coniugazione propria e autonoma** (come *andare, morire, udire*), oppure che sono **rappresentanti di un'intera famiglia** che segue lo stesso tipo di coniugazione (per esempio *trarre*, che è il rappresentante di un certo numero di composti come *astrarre, contrarre, protrarre*; oppure *vedere*, che ha la stessa coniugazione di *provvedere* e *rivedere*).
La coniugazione di tutti questi verbi è resa graficamente in modo che tutte le forme "irregolari", evidenziate dal carattere neretto, siano immediatamente visibili.

<u>LA SECONDA SEZIONE COMPRENDE UNA SERIE DI NOTE</u>: qui sono indicate le **caratteristiche particolari del verbo modello** o dell'intera famiglia rappresentata da quel verbo; ma qui sono indicate anche **le caratteristiche dei singoli verbi che pur appartenendo a una determinata famiglia hanno poi qualche specificità che in qualche modo li discosta dal verbo modello.**

<u>LA TERZA SEZIONE COMPRENDE LA LISTA DEI VERBI IRREGOLARI</u> (e alcuni verbi regolari ad alta frequenza d'uso): questa lista dovrebbe essere il punto di partenza per la ricerca delle forme verbali che ci interessano. Qualora avessimo la necessità di conoscere la coniugazione di un nuovo verbo dovremmo cercarlo in questa sezione: se il verbo è assente si tratta di un verbo regolare e quindi, per la coniugazione, dovremo rifarci ai normali modelli delle tre coniugazioni in -*are*, -*ere*, -*ire*.
La lista della terza sezione comprende **l'infinito del verbo in questione** (per esempio *soddisfare*); una eventuale **nota** che rimanda alla pagina della seconda sezione in cui su questo verbo si segnalano particolarità rispetto al modello (per esempio nella nota su *soddisfare* troveremo che si può coniugare sia come composto di fare, "io soddisfaccio", sia come verbo regolare in -are, "io soddisfo"). Nella colonna a fianco si trova la **pagina con il rimando al verbo modello** (nel caso di *soddisfare* troveremo il rimando alla coniugazione di *fare*). Nell'ultima colonna viene segnalato **l'ausiliare** (*essere, avere* oppure *essere/avere* quando entrambi gli ausiliari possono reggere quel determinato verbo): la segnalazione dell'ausiliare vuole essere solo un'indicazione rivolta agli studenti di italiano di livello elementare e medio. Nel caso di persone che abbiano una competenza linguistica già molto elevata suggeriamo prudenza nell'adottare l'uno o l'altro ausiliare perché in alcuni casi la scelta comporta conseguenze importanti non solo dal punto di vista grammaticale ma talora anche da quello semantico: la forma *ho dovuto andare*, ad esempio, pur tollerata dalla grammatica, caratterizza un atteggiamento del parlante diverso

da chi dice *sono dovuto andare*. Per i casi meno complessi nelle note si trova comunque anche qualche esempio chiarificatore (*sono salito sulla montagna, ho salito le scale*).

I verbi riflessivi irregolari sono presenti nella lista solo quando la forma non-riflessiva non è presente nel vocabolario italiano: non esiste il verbo *accorgere* ma esclusivamente *accorgersi*. Negli altri casi abbiamo indicato nelle note la maggior frequenza d'uso di un determinato verbo nella forma riflessiva (per esempio esiste il verbo *sedere* che fra l'altro ha l'ausiliare *avere*. Ma è certamente più frequente *sedersi* che, come riflessivo usa l'ausiliare *essere*).

Cercare il verbo **provvedere** nella lista della terza sezione

Il verbo provvedere è irregolare.
A pagina 122
c'è una nota importante
che riguarda questo verbo.
Per trovare la coniugazione
devo andare a pagina 108
dove troverò il verbo
modello di coniugazione
cioè vedere (attenzione però
alla nota a pag. 122).
L'ausiliare di **provvedere** è avere.

LISTA DEI VERBI ITALIANI

verbo (note pag)	modello	pag	ausiliare
provvedere (122)	vedere	108	avere
prudere (113)	credere	6	–
pulire	finire	8	avere

VERBI IN ~ARE

INDICATIVO

	• presente	• imperfetto	• futuro	• passato remoto
io	amo	amavo	amerò	amai
tu	ami	amavi	amerai	amasti
lui	ama	amava	amerà	amò
noi	amiamo	amavamo	ameremo	amammo
voi	amate	amavate	amerete	amaste
loro	amano	amavano	ameranno	amarono

	• passato prossimo	• trapassato prossimo	• futuro anteriore	• trapassato remoto
io	ho amato	avevo amato	avrò amato	ebbi amato
tu	hai amato	avevi amato	avrai amato	avesti amato
lui	ha amato	aveva amato	avrà amato	ebbe amato
noi	abbiamo amato	avevamo amato	avremo amato	avemmo amato
voi	avete amato	avevate amato	avrete amato	aveste amato
loro	hanno amato	avevano amato	avranno amato	ebbero amato

CONGIUNTIVO

	• presente	• imperfetto
io	ami	amassi
tu	ami	amassi
lui	ami	amasse
noi	amiamo	amassimo
voi	amiate	amaste
loro	amino	amassero

	• passato	• trapassato
io	abbia amato	avessi amato
tu	abbia amato	avessi amato
lui	abbia amato	avesse amato
noi	abbiamo amato	avessimo amato
voi	abbiate amato	aveste amato
loro	abbiano amato	avessero amato

CONDIZIONALE

	• semplice
io	amerei
tu	ameresti
lui	amerebbe
noi	ameremmo
voi	amereste
loro	amerebbero

	• composto
io	avrei amato
tu	avresti amato
lui	avrebbe amato
noi	avremmo amato
voi	avreste amato
loro	avrebbero amato

NOTE A PAG. 113

AMARE

IMPERATIVO

tu	ama
lui	ami
noi	amiamo
voi	amate
loro	amino

GERUNDIO

• semplice
amando

• composto
avendo amato

PARTICIPIO

• presente
amante

• passato
amato

VERBI IN ~ERE

CREDERE — NOTE A PAG. 113

INDICATIVO

	● presente	● imperfetto	● futuro	● passato remoto
io	credo	credevo	crederò	credetti/credei
tu	credi	credevi	crederai	credesti
lui	crede	credeva	crederà	credette/credé
noi	crediamo	credevamo	crederemo	credemmo
voi	credete	credevate	crederete	credeste
loro	credono	credevano	crederanno	credettero/crederono

	● passato prossimo	● trapassato prossimo	● futuro anteriore	● trapassato remoto
io	ho creduto	avevo creduto	avrò creduto	ebbi creduto
tu	hai creduto	avevi creduto	avrai creduto	avesti creduto
lui	ha creduto	aveva creduto	avrà creduto	ebbe creduto
noi	abbiamo creduto	avevamo creduto	avremo creduto	avemmo creduto
voi	avete creduto	avevate creduto	avrete creduto	aveste creduto
loro	hanno creduto	avevano creduto	avranno creduto	ebbero creduto

CONGIUNTIVO

	● presente	● imperfetto
io	creda	credessi
tu	creda	credessi
lui	creda	credesse
noi	crediamo	credessimo
voi	crediate	credeste
loro	credano	credessero

	● passato	● trapassato
io	abbia creduto	avessi creduto
tu	abbia creduto	avessi creduto
lui	abbia creduto	avesse creduto
noi	abbiamo creduto	avessimo creduto
voi	abbiate creduto	aveste creduto
loro	abbiano creduto	avessero creduto

CONDIZIONALE

● semplice
- crederei
- crederesti
- crederebbe
- crederemmo
- credereste
- crederebbero

● composto
- avrei creduto
- avresti creduto
- avrebbe creduto
- avremmo creduto
- avreste creduto
- avrebbero creduto

IMPERATIVO

tu	credi
lui	creda
noi	crediamo
voi	credete
loro	credano

GERUNDIO

● semplice
credendo

● composto
avendo creduto

PARTICIPIO

● presente
credente

● passato
creduto

VERBI IN ~IRE

SEGUIRE

INDICATIVO

	• presente	• imperfetto	• futuro	• passato remoto
io	seguo	seguivo	seguirò	seguii
tu	segui	seguivi	seguirai	seguisti
lui	segue	seguiva	seguirà	seguì
noi	seguiamo	seguivamo	seguiremo	seguimmo
voi	seguite	seguivate	seguirete	seguiste
loro	seguono	seguivano	seguiranno	seguirono

	• passato prossimo	• trapassato prossimo	• futuro anteriore	• trapassato remoto
io	ho seguito	avevo seguito	avrò seguito	ebbi seguto
tu	hai seguito	avevi seguito	avrai seguito	avesti seguito
lui	ha seguito	aveva seguito	avrà seguito	ebbe seguito
noi	abbiamo seguito	avevamo seguito	avremo seguito	avemmo seguito
voi	avete seguito	avevate seguito	avrete seguito	aveste seguito
loro	hanno seguito	avevano seguito	avranno seguito	ebbero seguito

CONGIUNTIVO

	• presente	• imperfetto
io	segua	seguissi
tu	segua	seguissi
lui	segua	seguisse
noi	seguiamo	seguissimo
voi	seguiate	seguiste
loro	seguano	seguissero

	• passato	• trapassato
io	abbia seguito	avessi seguito
tu	abbia seguito	avessi seguito
lui	abbia seguito	avesse seguito
noi	abbiamo seguito	avessimo seguito
voi	abbiate seguito	aveste seguito
loro	abbiano seguito	avessero seguito

CONDIZIONALE

	• semplice
io	seguirei
tu	seguiresti
lui	seguirebbe
noi	seguiremmo
voi	seguireste
loro	seguirebbero

	• composto
io	avrei seguito
tu	avresti seguito
lui	avrebbe seguito
noi	avremmo seguito
voi	avreste seguito
loro	avrebbero seguito

NOTE A PAG. 113

IMPERATIVO

tu	segui
lui	segua
noi	seguiamo
voi	seguite
loro	seguano

GERUNDIO

• semplice
seguendo

• composto
avendo seguito

PARTICIPIO

• presente
seguente

• passato
seguito

ALMA Edizioni | Verbissimo

FINIRE

INDICATIVO

	• presente	• imperfetto	• futuro	• passato remoto
io	finisco	finivo	finirò	finii
tu	finisci	finivi	finirai	finisti
lui	finisce	finiva	finirà	finì
noi	finiamo	finivamo	finiremo	finimmo
voi	finite	finivate	finirete	finiste
loro	finiscono	finivano	finiranno	finirono

	• passato prossimo	• trapassato prossimo	• futuro anteriore	• trapassato remoto
io	ho finito	avevo finito	avrò finito	ebbi finito
tu	hai finito	avevi finito	avrai finito	avesti finito
lui	ha finito	aveva finito	avrà finito	ebbe finito
noi	abbiamo finito	avevamo finito	avremo finito	avemmo finito
voi	avete finito	avevate finito	avrete finito	aveste finito
loro	hanno finito	avevano finito	avranno finito	ebbero finito

CONGIUNTIVO

	• presente	• imperfetto
io	finisca	finissi
tu	finisca	finissi
lui	finisca	finisse
noi	finiamo	finissimo
voi	finiate	finiste
loro	finiscano	finissero

	• passato	• trapassato
io	abbia finito	avessi finito
tu	abbia finito	avessi finito
lui	abbia finito	avesse finito
noi	abbiamo finito	avessimo finito
voi	abbiate finito	aveste finito
loro	abbiano finito	avessero finito

CONDIZIONALE

• semplice
- finirei
- finiresti
- finirebbe
- finiremmo
- finireste
- finirebbero

• composto
- avrei finito
- avresti finito
- avrebbe finito
- avremmo finito
- avreste finito
- avrebbero finito

NOTE A PAG. 113

IMPERATIVO

tu	finisci
lui	finisca
noi	finiamo
voi	finite
loro	finiscano

GERUNDIO

• semplice
finendo

• composto
avendo finito

PARTICIPIO

• presente
finente

• passato
finito

~CARE, ~GARE (GIOCARE)

INDICATIVO

	● presente	● imperfetto	● futuro	● passato remoto
io	gioco	giocavo	**giocherò**	giocai
tu	**giochi**	giocavi	**giocherai**	giocasti
lui	gioca	giocava	**giocherà**	giocò
noi	**giochiamo**	giocavamo	**giocheremo**	giocammo
voi	giocate	giocavate	**giocherete**	giocaste
loro	giocano	giocavano	**giocheranno**	giocarono
	● passato prossimo	● trapassato prossimo	● futuro anteriore	● trapassato remoto
io	ho giocato	avevo giocato	avrò giocato	ebbi giocato
tu	hai giocato	avevi giocato	avrai giocato	avesti giocato
lui	ha giocato	aveva giocato	avrà giocato	ebbe giocato
noi	abbiamo giocato	avevamo giocato	avremo giocato	avemmo giocato
voi	avete giocato	avevate giocato	avrete giocato	aveste giocato
loro	hanno giocato	avevano giocato	avranno giocato	ebbero giocato

CONGIUNTIVO

	● presente	● imperfetto
io	**giochi**	giocassi
tu	**giochi**	giocassi
lui	**giochi**	giocasse
noi	**giochiamo**	giocassimo
voi	**giochiate**	giocaste
loro	**giochino**	giocassero
	● passato	● trapassato
io	abbia giocato	avessi giocato
tu	abbia giocato	avessi giocato
lui	abbia giocato	avesse giocato
noi	abbiamo giocato	avessimo giocato
voi	abbiate giocato	aveste giocato
loro	abbiano giocato	avessero giocato

CONDIZIONALE

	● semplice
io	**giocherei**
tu	**giocheresti**
lui	**giocherebbe**
noi	**giocheremmo**
voi	**giochereste**
loro	**giocherebbero**
	● composto
io	avrei giocato
tu	avresti giocato
lui	avrebbe giocato
noi	avremmo giocato
voi	avreste giocato
loro	avrebbero giocato

NOTE A PAG. 113

IMPERATIVO

tu	gioca
lui	**giochi**
noi	**giochiamo**
voi	giocate
loro	**giochino**

GERUNDIO

● semplice
giocando

● composto
avendo giocato

PARTICIPIO

● presente
giocante

● passato
giocato

~ DERE (RIDERE)

INDICATIVO

	• presente	• imperfetto	• futuro	• passato remoto
io	rido	ridevo	riderò	**risi**
tu	ridi	ridevi	riderai	ridesti
lui	ride	rideva	riderà	**rise**
noi	ridiamo	ridevamo	rideremo	ridemmo
voi	ridete	ridevate	riderete	rideste
loro	ridono	ridevano	rideranno	**risero**

	• passato prossimo	• trapassato prossimo	• futuro anteriore	• trapassato remoto
io	ho **riso**	avevo **riso**	avrò **riso**	ebbi **riso**
tu	hai **riso**	avevi **riso**	avrai **riso**	avesti **riso**
lui	ha **riso**	aveva **riso**	avrà **riso**	ebbe **riso**
noi	abbiamo **riso**	avevamo **riso**	avremo **riso**	avemmo **riso**
voi	avete **riso**	avevate **riso**	avrete **riso**	aveste **riso**
loro	hanno **riso**	avevano **riso**	avranno **riso**	ebbero **riso**

CONGIUNTIVO

	• presente	• imperfetto
io	rida	ridessi
tu	rida	ridessi
lui	rida	ridesse
noi	ridiamo	ridessimo
voi	ridiate	rideste
loro	ridano	ridessero

	• passato	• trapassato
io	abbia **riso**	avessi **riso**
tu	abbia **riso**	avessi **riso**
lui	abbia **riso**	avesse **riso**
noi	abbiamo **riso**	avessimo **riso**
voi	abbiate **riso**	aveste **riso**
loro	abbiano **riso**	avessero **riso**

CONDIZIONALE

	• semplice
io	riderei
tu	rideresti
lui	riderebbe
noi	rideremmo
voi	ridereste
loro	riderebbero

	• composto
io	avrei **riso**
tu	avresti **riso**
lui	avrebbe **riso**
noi	avremmo **riso**
voi	avreste **riso**
loro	avrebbero **riso**

NOTE A PAG. 113

IMPERATIVO

tu	ridi
lui	rida
noi	ridiamo
voi	ridete
loro	ridano

GERUNDIO

• semplice
ridendo

• composto
avendo **riso**

PARTICIPIO

• presente
ridente

• passato
riso

~ DURRE (ADDURRE)

INDICATIVO

	• presente	• imperfetto	• futuro	• passato remoto
io	adduco	adducevo	addurrò	addussi
tu	adduci	adducevi	addurrai	adducesti
lui	adduce	adduceva	addurrà	addusse
noi	adduciamo	adducevamo	addurremo	adducemmo
voi	adducete	adducevate	addurrete	adduceste
loro	adducono	adducevano	addurranno	addussero

	• passato prossimo	• trapassato prossimo	• futuro anteriore	• trapassato remoto
io	ho addotto	avevo addotto	avrò addotto	ebbi addotto
tu	hai addotto	avevi addotto	avrai addotto	avesti addotto
lui	ha addotto	aveva addotto	avrà addotto	ebbe addotto
noi	abbiamo addotto	avevamo addotto	avremo addotto	avemmo addotto
voi	avete addotto	avevate addotto	avrete addotto	aveste addotto
loro	hanno addotto	avevano addotto	avranno addotto	ebbero addotto

CONGIUNTIVO

	• presente	• imperfetto
io	adduca	adducessi
tu	adduca	adducessi
lui	adduca	adducesse
noi	adduciamo	adducessimo
voi	adduciate	adduceste
loro	adducano	adducessero

	• passato	• trapassato
io	abbia addotto	avessi addotto
tu	abbia addotto	avessi addotto
lui	abbia addotto	avesse addotto
noi	abbiamo addotto	avessimo addotto
voi	abbiate addotto	aveste addotto
loro	abbiano addotto	avessero addotto

CONDIZIONALE

	• semplice
io	addurrei
tu	addurresti
lui	addurrebbe
noi	addurremmo
voi	addurreste
loro	addurrebbero

	• composto
io	avrei addotto
tu	avresti addotto
lui	avrebbe addotto
noi	avremmo addotto
voi	avreste addotto
loro	avrebbero addotto

NOTE A PAG. 114

IMPERATIVO

tu	adduci
lui	adduca
noi	adduciamo
voi	adducete
loro	adducano

GERUNDIO

• semplice
adducendo

• composto
avendo addotto

PARTICIPIO

• presente
adducente

• passato
addotto

~ ENDERE (SPENDERE)

SPENDERE

INDICATIVO

	• presente	• imperfetto	• futuro	• passato remoto
io	spendo	spendevo	spenderò	**spesi**
tu	spendi	spendevi	spenderai	spendesti
lui	spende	spendeva	spenderà	**spese**
noi	spendiamo	spendevamo	spenderemo	spendemmo
voi	spendete	spendevate	spenderete	spendeste
loro	spendono	spendevano	spenderanno	**spesero**

	• passato prossimo	• trapassato prossimo	• futuro anteriore	• trapassato remoto
io	ho **speso**	avevo **speso**	avrò **speso**	ebbi **speso**
tu	hai **speso**	avevi **speso**	avrai **speso**	avesti **speso**
lui	ha **speso**	aveva **speso**	avrà **speso**	ebbe **speso**
noi	abbiamo **speso**	avevamo **speso**	avremo **speso**	avemmo **speso**
voi	avete **speso**	avevate **speso**	avrete **speso**	aveste **speso**
loro	hanno **speso**	avevano **speso**	avranno **speso**	ebbero **speso**

CONGIUNTIVO

	• presente	• imperfetto
io	spenda	spendessi
tu	spenda	spendessi
lui	spenda	spendesse
noi	spendiamo	spendessimo
voi	spendiate	spendeste
loro	spendano	spendessero

	• passato	• trapassato
io	abbia **speso**	avessi **speso**
tu	abbia **speso**	avessi **speso**
lui	abbia **speso**	avesse **speso**
noi	abbiamo **speso**	avessimo **speso**
voi	abbiate **speso**	aveste **speso**
loro	abbiano **speso**	avessero **speso**

CONDIZIONALE

	• semplice
io	spenderei
tu	spenderesti
lui	spenderebbe
noi	spenderemmo
voi	spendereste
loro	spenderebbero

	• composto
io	avrei **speso**
tu	avresti **speso**
lui	avrebbe **speso**
noi	avremmo **speso**
voi	avreste **speso**
loro	avrebbero **speso**

NOTE A PAG. 114

IMPERATIVO

tu	spendi
lui	spenda
noi	spendiamo
voi	spendete
loro	spendano

GERUNDIO

• semplice
spendendo

• composto
avendo **speso**

PARTICIPIO

• presente
spendente

• passato
speso

~ ERGERE (TERGERE)

INDICATIVO

	● presente	● imperfetto	● futuro	● passato remoto
io	tergo	tergevo	tergerò	**tersi**
tu	tergi	tergevi	tergerai	tergesti
lui	terge	tergeva	tergerà	**terse**
noi	tergiamo	tergevamo	tergeremo	tergemmo
voi	tergete	tergevate	tergerete	tergeste
loro	tergono	tergevano	tergeranno	**tersero**

	● passato prossimo	● trapassato prossimo	● futuro anteriore	● trapassato remoto
io	ho **terso**	avevo **terso**	avrò **terso**	ebbi **terso**
tu	hai **terso**	avevi **terso**	avrai **terso**	avesti **terso**
lui	ha **terso**	aveva **terso**	avrà **terso**	ebbe **terso**
noi	abbiamo **terso**	avevamo **terso**	avremo **terso**	avemmo **terso**
voi	avete **terso**	avevate **terso**	avrete **terso**	aveste **terso**
loro	hanno **terso**	avevano **terso**	avranno **terso**	ebbero **terso**

CONGIUNTIVO

	● presente	● imperfetto
io	terga	tergessi
tu	terga	tergessi
lui	terga	tergesse
noi	tergiamo	tergessimo
voi	tergiate	tergeste
loro	tergano	tergessero

	● passato	● trapassato
io	abbia **terso**	avessi **terso**
tu	abbia **terso**	avessi **terso**
lui	abbia **terso**	avesse **terso**
noi	abbiamo **terso**	avessimo **terso**
voi	abbiate **terso**	aveste **terso**
loro	abbiano **terso**	avessero **terso**

CONDIZIONALE

	● semplice
io	tergerei
tu	tergeresti
lui	tergerebbe
noi	tergeremmo
voi	tergereste
loro	tergerebbero

	● composto
io	avrei **terso**
tu	avresti **terso**
lui	avrebbe **terso**
noi	avremmo **terso**
voi	avreste **terso**
loro	avrebbero **terso**

NOTE A PAG. 114

IMPERATIVO

tu	tergi
lui	terga
noi	tergiamo
voi	tergete
loro	tergano

GERUNDIO

● semplice
tergendo

● composto
avendo **terso**

PARTICIPIO

● presente
tergente

● passato
terso

~ ETTERE (ANNETTERE)

ANNETTERE

INDICATIVO

	● presente	● imperfetto	● futuro	● passato remoto
io	annetto	annettevo	annetterò	**annessi**
tu	annetti	annettevi	annetterai	annettesti
lui	annette	annetteva	annetterà	**annesse**
noi	annettiamo	annettevamo	annetteremo	annettemmo
voi	annettete	annettevate	annetterete	annetteste
loro	annettono	annettevano	annetteranno	**annessero**

	● passato prossimo	● trapassato prossimo	● futuro anteriore	● trapassato remoto
io	ho **annesso**	avevo **annesso**	avrò **annesso**	ebbi **annesso**
tu	hai **annesso**	avevi **annesso**	avrai **annesso**	avesti **annesso**
lui	ha **annesso**	aveva **annesso**	avrà **annesso**	ebbe **annesso**
noi	abbiamo **annesso**	avevamo **annesso**	avremo **annesso**	avemmo **annesso**
voi	avete **annesso**	avevate **annesso**	avrete **annesso**	aveste **annesso**
loro	hanno **annesso**	avevano **annesso**	avranno **annesso**	ebbero **annesso**

CONGIUNTIVO

	● presente	● imperfetto
io	annetta	annettessi
tu	annetta	annettessi
lui	annetta	annettesse
noi	annettiamo	annettessimo
voi	annettiate	annetteste
loro	annettano	annettessero

	● passato	● trapassato
io	abbia **annesso**	avessi **annesso**
tu	abbia **annesso**	avessi **annesso**
lui	abbia **annesso**	avesse **annesso**
noi	abbiamo **annesso**	avessimo **annesso**
voi	abbiate **annesso**	aveste **annesso**
loro	abbiano **annesso**	avessero **annesso**

CONDIZIONALE

● semplice
- annetterei
- annetteresti
- annetterebbe
- annetteremmo
- annettereste
- annetterebbero

● composto
- avrei **annesso**
- avresti **annesso**
- avrebbe **annesso**
- avremmo **annesso**
- avreste **annesso**
- avrebbero **annesso**

NOTE A PAG. 114

IMPERATIVO

tu	annetti
lui	annetta
noi	annettiamo
voi	annettete
loro	annettano

GERUNDIO

● semplice
annettendo

● composto
avendo **annesso**

PARTICIPIO

● presente
(annettente)

● passato
annesso

~ FIGGERE (AFFIGGERE)

INDICATIVO

	● presente	● imperfetto	● futuro	● passato remoto
io	affiggo	affiggevo	affiggerò	**affissi**
tu	affiggi	affiggevi	affiggerai	affiggesti
lui	affigge	affiggeva	affiggerà	**affisse**
noi	affiggiamo	affiggevamo	affiggeremo	affiggemmo
voi	affiggete	affiggevate	affiggerete	affiggeste
loro	affiggono	affiggevano	affiggeranno	**affissero**

	● passato prossimo	● trapassato prossimo	● futuro anteriore	● trapassato remoto
io	ho **affisso**	avevo **affisso**	avrò **affisso**	ebbi **affisso**
tu	hai **affisso**	avevi **affisso**	avrai **affisso**	avesti **affisso**
lui	ha **affisso**	aveva **affisso**	avrà **affisso**	ebbe **affisso**
noi	abbiamo **affisso**	avevamo **affisso**	avremo **affisso**	avemmo **affisso**
voi	avete **affisso**	avevate **affisso**	avrete **affisso**	aveste **affisso**
loro	hanno **affisso**	avevano **affisso**	avranno **affisso**	ebbero **affisso**

CONGIUNTIVO

	● presente	● imperfetto
io	affigga	affiggessi
tu	affigga	affiggessi
lui	affigga	affiggesse
noi	affiggiamo	affiggessimo
voi	affiggiate	affiggeste
loro	affiggano	affiggessero

	● passato	● trapassato
io	abbia **affisso**	avessi **affisso**
tu	abbia **affisso**	avessi **affisso**
lui	abbia **affisso**	avesse **affisso**
noi	abbiamo **affisso**	avessimo **affisso**
voi	abbiate **affisso**	aveste **affisso**
loro	abbiano **affisso**	avessero **affisso**

CONDIZIONALE

	● semplice
io	affiggerei
tu	affiggeresti
lui	affiggerebbe
noi	affiggeremmo
voi	affiggereste
loro	affiggerebbero

	● composto
io	avrei **affisso**
tu	avresti **affisso**
lui	avrebbe **affisso**
noi	avremmo **affisso**
voi	avreste **affisso**
loro	avrebbero **affisso**

IMPERATIVO

tu	affiggi
lui	affigga
noi	affiggiamo
voi	affiggete
loro	affiggano

GERUNDIO

● semplice
affiggendo

● composto
avendo **affisso**

PARTICIPIO

● presente
affiggente

● passato
affisso

~ GERE (GIUNGERE)

INDICATIVO

	• presente	• imperfetto	• futuro	• passato remoto
io	giungo	giungevo	giungerò	**giunsi**
tu	giungi	giungevi	giungerai	giungesti
lui	giunge	giungeva	giungerà	**giunse**
noi	giungiamo	giungevamo	giungeremo	giungemmo
voi	giungete	giungevate	giungerete	giungeste
loro	giungono	giungevano	giungeranno	**giunsero**

	• **passato prossimo**	• **trapassato prossimo**	• **futuro anteriore**	• **trapassato remoto**
io	sono **giunto**	ero **giunto**	sarò **giunto**	fui **giunto**
tu	sei **giunto**	eri **giunto**	sarai **giunto**	fosti **giunto**
lui	è **giunto**	era **giunto**	sarà **giunto**	fu **giunto**
noi	siamo **giunti**	eravamo **giunti**	saremo **giunti**	fummo **giunti**
voi	siete **giunti**	eravate **giunti**	sarete **giunti**	foste **giunti**
loro	sono **giunti**	erano **giunti**	saranno **giunti**	furono **giunti**

CONGIUNTIVO

	• presente	• imperfetto
io	giunga	giungessi
tu	giunga	giungessi
lui	giunga	giungesse
noi	giungiamo	giungessimo
voi	giungiate	giungeste
loro	giungano	giungessero

	• **passato**	• **trapassato**
io	sia **giunto**	fossi **giunto**
tu	sia **giunto**	fossi **giunto**
lui	sia **giunto**	fosse **giunto**
noi	siamo **giunti**	fossimo **giunti**
voi	siate **giunti**	foste **giunti**
loro	siano **giunti**	fossero **giunti**

CONDIZIONALE

	• semplice
io	giungerei
tu	giungeresti
lui	giungerebbe
noi	giungeremmo
voi	giungereste
loro	giungerebbero

	• **composto**
io	sarei **giunto**
tu	saresti **giunto**
lui	sarebbe **giunto**
noi	saremmo **giunti**
voi	sareste **giunti**
loro	sarebbero **giunti**

NOTE A PAG. 114

IMPERATIVO

tu	giungi
lui	giunga
noi	giungiamo
voi	giungete
loro	giungano

GERUNDIO

• semplice
giungendo

• **composto**
essendo **giunto**

PARTICIPIO

• presente
giungente

• **passato**
giunto

GIUNGERE

~ GGERE (REGGERE)

INDICATIVO

	● presente	● imperfetto	● futuro	● passato remoto
io	reggo	reggevo	reggerò	**ressi**
tu	reggi	reggevi	reggerai	reggesti
lui	regge	reggeva	reggerà	**resse**
noi	reggiamo	reggevamo	reggeremo	reggemmo
voi	reggete	reggevate	reggerete	reggeste
loro	reggono	reggevano	reggeranno	**ressero**

	● passato prossimo	● trapassato prossimo	● futuro anteriore	● trapassato remoto
io	ho **retto**	avevo **retto**	avrò **retto**	ebbi **retto**
tu	hai **retto**	avevi **retto**	avrai **retto**	avesti **retto**
lui	ha **retto**	aveva **retto**	avrà **retto**	ebbe **retto**
noi	abbiamo **retto**	avevamo **retto**	avremo **retto**	avemmo **retto**
voi	avete **retto**	avevate **retto**	avrete **retto**	aveste **retto**
loro	hanno **retto**	avevano **retto**	avranno **retto**	ebbero **retto**

CONGIUNTIVO

	● presente	● imperfetto
io	regga	reggessi
tu	regga	reggessi
lui	regga	reggesse
noi	reggiamo	reggessimo
voi	reggiate	reggeste
loro	reggano	reggessero

	● passato	● trapassato
io	abbia **retto**	avessi **retto**
tu	abbia **retto**	avessi **retto**
lui	abbia **retto**	avesse **retto**
noi	abbiamo **retto**	avessimo **retto**
voi	abbiate **retto**	aveste **retto**
loro	abbiano **retto**	avessero **retto**

CONDIZIONALE

	● semplice
io	reggerei
tu	reggeresti
lui	reggerebbe
noi	reggeremmo
voi	reggereste
loro	reggerebbero

	● composto
io	avrei **retto**
tu	avresti **retto**
lui	avrebbe **retto**
noi	avremmo **retto**
voi	avreste **retto**
loro	avrebbero **retto**

IMPERATIVO

tu	reggi
lui	regga
noi	reggiamo
voi	reggete
loro	reggano

GERUNDIO

● semplice
reggendo

● composto
avendo **retto**

PARTICIPIO

● presente
reggente

● passato
retto

~ GLIERE (COGLIERE)

INDICATIVO

	● presente	● imperfetto	● futuro	● passato remoto
io	**colgo**	coglievo	coglierò	**colsi**
tu	**cogli**	coglievi	coglierai	cogliesti
lui	coglie	coglieva	coglierà	**colse**
noi	**cogliamo**	coglievamo	coglieremo	cogliemmo
voi	cogliete	coglievate	coglierete	coglieste
loro	**colgono**	coglievano	coglieranno	**colsero**

	● passato prossimo	● trapassato prossimo	● futuro anteriore	● trapassato remoto
io	ho **colto**	avevo **colto**	avrò **colto**	ebbi **colto**
tu	hai **colto**	avevi **colto**	avrai **colto**	avesti **colto**
lui	ha **colto**	aveva **colto**	avrà **colto**	ebbe **colto**
noi	abbiamo **colto**	avevamo **colto**	avremo **colto**	avemmo **colto**
voi	avete **colto**	avevate **colto**	avrete **colto**	aveste **colto**
loro	hanno **colto**	avevano **colto**	avranno **colto**	ebbero **colto**

CONGIUNTIVO

	● presente	● imperfetto
io	**colga**	cogliessi
tu	**colga**	cogliessi
lui	**colga**	cogliesse
noi	**cogliamo**	cogliessimo
voi	**cogliate**	coglieste
loro	**colgano**	cogliessero

	● passato	● trapassato
io	abbia **colto**	avessi **colto**
tu	abbia **colto**	avessi **colto**
lui	abbia **colto**	avesse **colto**
noi	abbiamo **colto**	avessimo **colto**
voi	abbiate **colto**	aveste **colto**
loro	abbiano **colto**	avessero **colto**

CONDIZIONALE

	● semplice
io	coglierei
tu	coglieresti
lui	coglierebbe
noi	coglieremmo
voi	cogliereste
loro	coglierebbero

	● composto
io	avrei **colto**
tu	avresti **colto**
lui	avrebbe **colto**
noi	avremmo **colto**
voi	avreste **colto**
loro	avrebbero **colto**

IMPERATIVO

tu	cogli
lui	**colga**
noi	cogliamo
voi	cogliete
loro	**colgano**

GERUNDIO

● semplice
cogliendo

● composto
avendo **colto**

PARTICIPIO

● presente
cogliente

● passato
colto

COGLIERE

~IARE(1) (CAMBIARE)

INDICATIVO

	• presente	• imperfetto	• futuro	• passato remoto
io	cambio	cambiavo	cambierò	cambiai
tu	**cambi**	cambiavi	cambierai	cambiasti
lui	cambia	cambiava	cambierà	cambiò
noi	**cambiamo**	cambiavamo	cambieremo	cambiammo
voi	cambiate	cambiavate	cambierete	cambiaste
loro	cambiano	cambiavano	cambieranno	cambiarono

	• passato prossimo	• trapassato prossimo	• futuro anteriore	• trapassato remoto
io	ho cambiato	avevo cambiato	avrò cambiato	ebbi cambiato
tu	hai cambiato	avevi cambiato	avrai cambiato	avesti cambiato
lui	ha cambiato	aveva cambiato	avrà cambiato	ebbe cambiato
noi	abbiamo cambiato	avevamo cambiato	avremo cambiato	avemmo cambiato
voi	avete cambiato	avevate cambiato	avrete cambiato	aveste cambiato
loro	hanno cambiato	avevano cambiato	avranno cambiato	ebbero cambiato

CONGIUNTIVO

	• presente	• imperfetto
io	**cambi**	cambiassi
tu	**cambi**	cambiassi
lui	**cambi**	cambiasse
noi	**cambiamo**	cambiassimo
voi	**cambiate**	cambiaste
loro	**cambino**	cambiassero

	• passato	• trapassato
io	abbia cambiato	avessi cambiato
tu	abbia cambiato	avessi cambiato
lui	abbia cambiato	avesse cambiato
noi	abbiamo cambiato	avessimo cambiato
voi	abbiate cambiato	aveste cambiato
loro	abbiano cambiato	avessero cambiato

CONDIZIONALE

	• semplice
io	cambierei
tu	cambieresti
lui	cambierebbe
noi	cambieremmo
voi	cambiereste
loro	cambierebbero

	• composto
io	avrei cambiato
tu	avresti cambiato
lui	avrebbe cambiato
noi	avremmo cambiato
voi	avreste cambiato
loro	avrebbero cambiato

NOTE A PAG. 114

IMPERATIVO

tu	cambia
lui	**cambi**
noi	**cambiamo**
voi	cambiate
loro	**cambino**

GERUNDIO

• semplice
cambiando

• composto
avendo cambiato

PARTICIPIO

• presente
cambiante

• passato
cambiato

~IARE (2) (SCIARE)

INDICATIVO

	● presente	● imperfetto	● futuro	● passato remoto
io	scio	sciavo	scierò	sciai
tu	scii	sciavi	scierai	sciasti
lui	scia	sciava	scierà	sciò
noi	**sciamo**	sciavamo	scieremo	sciammo
voi	sciate	sciavate	scierete	sciaste
loro	sciano	sciavano	scieranno	sciarono

	● passato prossimo	● trapassato prossimo	● futuro anteriore	● trapassato remoto
io	ho sciato	avevo sciato	avrò sciato	ebbi sciato
tu	hai sciato	avevi sciato	avrai sciato	avesti sciato
lui	ha sciato	aveva sciato	avrà sciato	ebbe sciato
noi	abbiamo sciato	avevamo sciato	avremo sciato	avemmo sciato
voi	avete sciato	avevate sciato	avrete sciato	aveste sciato
loro	hanno sciato	avevano sciato	avranno sciato	ebbero sciato

CONGIUNTIVO

	● presente	● imperfetto
io	scii	sciassi
tu	scii	sciassi
lui	scii	sciasse
noi	**sciamo**	sciassimo
voi	**sciate**	sciaste
loro	sciino	sciassero

	● passato	● trapassato
io	abbia sciato	avessi sciato
tu	abbia sciato	avessi sciato
lui	abbia sciato	avesse sciato
noi	abbiamo sciato	avessimo sciato
voi	abbiate sciato	aveste sciato
loro	abbiano sciato	avessero sciato

CONDIZIONALE

	● semplice
io	scierei
tu	scieresti
lui	scierebbe
noi	scieremmo
voi	sciereste
loro	scierebbero

	● composto
io	avrei sciato
tu	avresti sciato
lui	avrebbe sciato
noi	avremmo sciato
voi	avreste sciato
loro	avrebbero sciato

NOTE A PAG. 115

IMPERATIVO

tu	scia
lui	scii
noi	**sciamo**
voi	sciate
loro	sciino

GERUNDIO

● semplice
sciando

● composto
avendo sciato

PARTICIPIO

● presente
sciante

● passato
sciato

~ IGERE (DIRIGERE)

INDICATIVO

	• presente	• imperfetto	• futuro	• passato remoto
io	dirigo	dirigevo	dirigerò	**diressi**
tu	dirigi	dirigevi	dirigerai	dirigesti
lui	dirige	dirigeva	dirigerà	**diresse**
noi	dirigiamo	dirigevamo	dirigeremo	dirigemmo
voi	dirigete	dirigevate	dirigerete	dirigeste
loro	dirigono	dirigevano	dirigeranno	**diressero**

	• passato prossimo	• trapassato prossimo	• futuro anteriore	• trapassato remoto
io	ho **diretto**	avevo **diretto**	avrò **diretto**	ebbi **diretto**
tu	hai **diretto**	avevi **diretto**	avrai **diretto**	avesti **diretto**
lui	ha **diretto**	aveva **diretto**	avrà **diretto**	ebbe **diretto**
noi	abbiamo **diretto**	avevamo **diretto**	avremo **diretto**	avemmo **diretto**
voi	avete **diretto**	avevate **diretto**	avrete **diretto**	aveste **diretto**
loro	hanno **diretto**	avevano **diretto**	avranno **diretto**	ebbero **diretto**

CONGIUNTIVO

	• presente	• imperfetto
io	diriga	dirigessi
tu	diriga	dirigessi
lui	diriga	dirigesse
noi	dirigiamo	dirigessimo
voi	dirigiate	dirigeste
loro	dirigano	dirigessero

	• passato	• trapassato
io	abbia **diretto**	avessi **diretto**
tu	abbia **diretto**	avessi **diretto**
lui	abbia **diretto**	avesse **diretto**
noi	abbiamo **diretto**	avessimo **diretto**
voi	abbiate **diretto**	aveste **diretto**
loro	abbiano **diretto**	avessero **diretto**

CONDIZIONALE

	• semplice
io	dirigerei
tu	dirigeresti
lui	dirigerebbe
noi	dirigeremmo
voi	dirigereste
loro	dirigerebbero

	• composto
io	avrei **diretto**
tu	avresti **diretto**
lui	avrebbe **diretto**
noi	avremmo **diretto**
voi	avreste **diretto**
loro	avrebbero **diretto**

NOTE A PAG. 115

IMPERATIVO

tu	dirigi
lui	diriga
noi	dirigiamo
voi	dirigete
loro	dirigano

GERUNDIO

• semplice
dirigendo

• composto
avendo **diretto**

PARTICIPIO

• presente
dirigente

• passato
diretto

~ PARIRE (APPARIRE)

INDICATIVO

	● presente	● imperfetto	● futuro	● passato remoto
io	**appaio**	apparivo	apparirò	**apparvi/apparsi**/apparii
tu	appari	apparivi	apparirai	appariso
lui	appare	appariva	apparirà	**apparve/apparse**/apparì
noi	appariamo	apparivamo	appariremo	apparimmo
voi	apparite	apparivate	apparirete	appariste
loro	**appaiono**	apparivano	appariranno	**apparvero/apparsero**/apparirono

	● passato prossimo	● trapassato prossimo	● futuro anteriore	● trapassato remoto
io	sono **apparso**	ero **apparso**	sarò **apparso**	fui **apparso**
tu	sei **apparso**	eri **apparso**	sarai **apparso**	fosti **apparso**
lui	è **apparso**	era **apparso**	sarà **apparso**	fu **apparso**
noi	siamo **apparsi**	eravamo **apparsi**	saremo **apparsi**	fummo **apparsi**
voi	siete **apparsi**	eravate **apparsi**	sarete **apparsi**	foste **apparsi**
loro	sono **apparsi**	erano **apparsi**	saranno **apparsi**	furono **apparsi**

CONGIUNTIVO — CONDIZIONALE

APPARIRE

NOTE A PAG. 115

	● presente	● imperfetto	● semplice
io	**appaia**	aparissi	apparirei
tu	**appaia**	aparissi	appariresti
lui	**appaia**	aparisse	apparirebbe
noi	appariamo	aparissimo	appariremmo
voi	appariate	apariste	apparireste
loro	**appaiano**	aparissero	apparirebbero

	● passato	● trapassato	● composto
io	sia **apparso**	fossi **apparso**	sarei **apparso**
tu	sia **apparso**	fossi **apparso**	saresti **apparso**
lui	sia **apparso**	fosse **apparso**	sarebbe **apparso**
noi	siamo **apparsi**	fossimo **apparsi**	saremmo **apparsi**
voi	siate **apparsi**	foste **apparsi**	sareste **apparsi**
loro	siano **apparsi**	fossero **apparsi**	sarebbero **apparsi**

IMPERATIVO — GERUNDIO — PARTICIPIO

tu	appari
lui	**appaia**
noi	appariamo
voi	apparite
loro	**appaiano**

● semplice
apparendo

● composto
essendo **apparso**

● presente
apparente

● passato
apparso

~ PRIMERE (ESPRIMERE)

INDICATIVO

	• presente	• imperfetto	• futuro	• passato remoto
io	esprimo	esprimevo	esprimerò	**espressi**
tu	esprimi	esprimevi	esprimerai	esprimesti
lui	esprime	esprimeva	esprimerà	**espresse**
noi	esprimiamo	esprimevamo	esprimeremo	esprimemmo
voi	esprimete	esprimevate	esprimerete	esprimeste
loro	esprimono	esprimevano	esprimeranno	**espressero**

	• passato prossimo	• trapassato prossimo	• futuro anteriore	• trapassato remoto
io	ho **espresso**	avevo **espresso**	avrò **espresso**	ebbi **espresso**
tu	hai **espresso**	avevi **espresso**	avrai **espresso**	avesti **espresso**
lui	ha **espresso**	aveva **espresso**	avrà **espresso**	ebbe **espresso**
noi	abbiamo **espresso**	avevamo **espresso**	avremo **espresso**	avemmo **espresso**
voi	avete **espresso**	avevate **espresso**	avrete **espresso**	aveste **espresso**
loro	hanno **espresso**	avevano **espresso**	avranno **espresso**	ebbero **espresso**

CONGIUNTIVO | CONDIZIONALE

	• presente	• imperfetto	• semplice
io	esprima	esprimessi	esprimerei
tu	esprima	esprimessi	esprimeresti
lui	esprima	esprimesse	esprimerebbe
noi	esprimiamo	esprimessimo	esprimeremmo
voi	esprimiate	esprimeste	esprimereste
loro	esprimano	esprimessero	esprimerebbero

	• passato	• trapassato	• composto
io	abbia **espresso**	avessi **espresso**	avrei **espresso**
tu	abbia **espresso**	avessi **espresso**	avresti **espresso**
lui	abbia **espresso**	avesse **espresso**	avrebbe **espresso**
noi	abbiamo **espresso**	avessimo **esresso**	avremmo **espresso**
voi	abbiate **espresso**	aveste **espresso**	avreste **espresso**
loro	abbiano **espresso**	avessero **espresso**	avrebbero **espresso**

IMPERATIVO

tu	esprimi
lui	esprima
noi	esprimiamo
voi	esprimete
loro	esprimano

GERUNDIO

• semplice
esprimendo

• composto
avendo **espresso**

PARTICIPIO

• presente
esprimente

• passato
espresso

ESPRIMERE

~ SISTERE (ESISTERE)

INDICATIVO

	● presente	● imperfetto	● futuro	● passato remoto
io	esisto	esistevo	esisterò	esistei /esistetti
tu	esisti	esistevi	esisterai	esistesti
lui	esiste	esisteva	esisterà	esisté/esistette
noi	esistiamo	esistevamo	esisteremo	esistemmo
voi	esistete	esistevate	esisterete	esisteste
loro	esistono	esistevano	esisteranno	esisterono/esistettero

	● passato prossimo	● trapassato prossimo	● futuro anteriore	● trapassato remoto
io	sono **esistito**	ero **esistito**	sarò **esistito**	fui **esistito**
tu	sei **esistito**	eri **esistito**	sarai **esistito**	fosti **esistito**
lui	è **esistito**	era **esistito**	sarà **esistito**	fu **esistito**
noi	siamo **esistiti**	eravamo **esistiti**	saremo **esistiti**	fummo **esistiti**
voi	siete **esistiti**	eravate **esistiti**	sarete **esistiti**	foste **esistiti**
loro	sono **esistiti**	erano **esistiti**	saranno **esistiti**	furono **esistiti**

CONGIUNTIVO

	● presente	● imperfetto
io	esista	esistessi
tu	esista	esistessi
lui	esista	esistesse
noi	esistiamo	esistessimo
voi	esistiate	esisteste
loro	esistano	esistessero

	● passato	● trapassato
io	sia **esistito**	fossi **esistito**
tu	sia **esistito**	fossi **esistito**
lui	sia **esistito**	fosse **esistito**
noi	siamo **esistiti**	fossimo **esistiti**
voi	siate **esistiti**	foste **esistiti**
loro	siano **esistiti**	fossero **esistiti**

CONDIZIONALE

	● semplice
io	esisterei
tu	esisteresti
lui	esisterebbe
noi	esisteremmo
voi	esistereste
loro	esisterebbero

	● composto
io	sarei **esistito**
tu	saresti **esistito**
lui	sarebbe **esistito**
noi	saremmo **esistiti**
voi	sareste **esistiti**
loro	sarebbero **esistiti**

NOTE A PAG. 115

IMPERATIVO

tu	esisti
lui	esista
noi	esistiamo
voi	esistete
loro	esistano

GERUNDIO

● semplice
esistendo

● composto
essendo esistito

PARTICIPIO

● presente
esistente

● passato
esistito

~ SOLVERE (ASSOLVERE)

INDICATIVO

	• presente	• imperfetto	• futuro	• passato remoto
io	assolvo	assolvevo	assolverò	**assolsi**/assolvei
tu	assolvi	assolvevi	assolverai	assolvesti
lui	assolve	assolveva	assolverà	**assolse**/assolvé
noi	assolviamo	assolvevamo	assolveremo	assolvemmo
voi	assolvete	assolvevate	assolverete	assolveste
loro	assolvono	assolvevano	assolveranno	**assolsero**/assolvettero

	• passato prossimo	• trapassato prossimo	• futuro anteriore	• trapassato remoto
io	ho **assolto**	avevo **assolto**	avrò **assolto**	ebbi **assolto**
tu	hai **assolto**	avevi **assolto**	avrai **assolto**	avesti **assolto**
lui	ha **assolto**	aveva **assolto**	avrà **assolto**	ebbe **assolto**
noi	abbiamo **assolto**	avevamo **assolto**	avremo **assolto**	avemmo **assolto**
voi	avete **assolto**	avevate **assolto**	avrete **assolto**	aveste **assolto**
loro	hanno **assolto**	avevano **assolto**	avranno **assolto**	ebbero **assolto**

CONGIUNTIVO

	• presente	• imperfetto
io	assolva	assolvessi
tu	assolva	assolvessi
lui	assolva	assolvesse
noi	assolviamo	assolvessimo
voi	assolviate	assolveste
loro	assolvano	assolvessero

	• passato	• trapassato
io	abbia **assolto**	avessi **assolto**
tu	abbia **assolto**	avessi **assolto**
lui	abbia **assolto**	avesse **assolto**
noi	abbiamo **assolto**	avessimo **assolto**
voi	abbiate **assolto**	aveste **assolto**
loro	abbiano **assolto**	avessero **assolto**

CONDIZIONALE

	• semplice
io	assolverei
tu	assolveresti
lui	assolverebbe
noi	assolveremmo
voi	assolvereste
loro	assolverebbero

	• composto
io	avrei **assolto**
tu	avresti **assolto**
lui	avrebbe **assolto**
noi	avremmo **assolto**
voi	avreste **assolto**
loro	avrebbero **assolto**

NOTE A PAG. 115

IMPERATIVO

tu	assolvi
lui	assolva
noi	assolviamo
voi	assolvete
loro	assolvano

GERUNDIO

• semplice
assolvendo

• composto
avendo **assolto**

PARTICIPIO

• presente
assolvente

• passato
assolto

~ SUMERE (ASSUMERE)

INDICATIVO

	• presente	• imperfetto	• futuro	• passato remoto
io	assumo	assumevo	assumerò	**assunsi**
tu	assumi	assumevi	assumerai	assumesti
lui	assume	assumeva	assumerà	**assunse**
noi	assumiamo	assumevamo	assumeremo	assumemmo
voi	assumete	assumevate	assumerete	assumeste
loro	assumono	assumevano	assumeranno	**assunsero**

	• passato prossimo	• trapassato prossimo	• futuro anteriore	• trapassato remoto
io	ho **assunto**	avevo **assunto**	avrò **assunto**	ebbi **assunto**
tu	hai **assunto**	avevi **assunto**	avrai **assunto**	avesti **assunto**
lui	ha **assunto**	aveva **assunto**	avrà **assunto**	ebbe **assunto**
noi	abbiamo **assunto**	avevamo **assunto**	avremo **assunto**	avemmo **assunto**
voi	avete **assunto**	avevate **assunto**	avrete **assunto**	aveste **assunto**
loro	hanno **assunto**	avevano **assunto**	avranno **assunto**	ebbero **assunto**

CONGIUNTIVO

	• presente	• imperfetto
io	assuma	assumessi
tu	assuma	assumessi
lui	assuma	assumesse
noi	assumiamo	assumessimo
voi	assumiate	assumeste
loro	assumano	assumessero

	• passato	• trapassato
io	abbia **assunto**	avessi **assunto**
tu	abbia **assunto**	avessi **assunto**
lui	abbia **assunto**	avesse **assunto**
noi	abbiamo **assunto**	avessimo **assunto**
voi	abbiate **assunto**	aveste **assunto**
loro	abbiano **assunto**	avessero **assunto**

CONDIZIONALE

	• semplice
io	assumerei
tu	assumeresti
lui	assumerebbe
noi	assumeremmo
voi	assumereste
loro	assumerebbero

	• composto
io	avrei **assunto**
tu	avresti **assunto**
lui	avrebbe **assunto**
noi	avremmo **assunto**
voi	avreste **assunto**
loro	avrebbero **assunto**

IMPERATIVO

tu	assumi
lui	assuma
noi	assumiamo
voi	assumete
loro	assumano

GERUNDIO

• semplice
assumendo

• composto
avendo **assunto**

PARTICIPIO

• presente
assumente

• passato
assunto

ANDARE

INDICATIVO

	● presente	● imperfetto	● futuro	● passato remoto
io	**vado**	andavo	**andrò**	andai
tu	**vai**	andavi	**andrai**	andasti
lui	**va**	andava	**andrà**	andò
noi	andiamo	andavamo	**andremo**	andammo
voi	andate	andavate	**andrete**	andaste
loro	**vanno**	andavano	**andranno**	andarono

	● passato prossimo	● trapassato prossimo	● futuro anteriore	● trapassato remoto
io	sono andato	ero andato	sarò andato	fui andato
tu	sei andato	eri andato	sarai andato	fosti andato
lui	è andato	era andato	sarà andato	fu andato
noi	siamo andati	eravamo andati	saremo andati	fummo andati
voi	siete andati	eravate andati	sarete andati	foste andati
loro	sono andati	erano andati	saranno andati	furono andati

CONGIUNTIVO

	● presente	● imperfetto
io	**vada**	andassi
tu	**vada**	andassi
lui	**vada**	andasse
noi	andiamo	andassimo
voi	andiate	andaste
loro	**vadano**	andassero

	● passato	● trapassato
io	sia andato	fossi andato
tu	sia andato	fossi andato
lui	sia andato	fosse andato
noi	siamo andati	fossimo andati
voi	siate andati	foste andati
loro	siano andati	fossero andati

CONDIZIONALE

	● semplice
io	**andrei**
tu	**andresti**
lui	**andrebbe**
noi	**andremmo**
voi	**andreste**
loro	**andrebbero**

	● composto
io	sarei andato
tu	saresti andato
lui	sarebbe andato
noi	saremmo andati
voi	sareste andati
loro	sarebbero andati

NOTE A PAG. 115

IMPERATIVO

tu	**va'/vai**
lui	**vada**
noi	andiamo
voi	andate
loro	**vadano**

GERUNDIO

● semplice
andando

● composto
essendo andato

PARTICIPIO

● presente
andante

● passato
andato

ALMA Edizioni | Verbissimo

APRIRE

INDICATIVO

	● presente	● imperfetto	● futuro	● passato remoto
io	apro	aprivo	aprirò	aprii
tu	apri	aprivi	aprirai	apristi
lui	apre	apriva	aprirà	aprì
noi	apriamo	aprivamo	apriremo	aprimmo
voi	aprite	aprivate	aprirete	apriste
loro	aprono	aprivano	apriranno	aprirono

	● passato prossimo	● trapassato prossimo	● futuro anteriore	● trapassato remoto
io	ho **aperto**	avevo **aperto**	avrò **aperto**	ebbi **aperto**
tu	hai **aperto**	avevi **aperto**	avrai **aperto**	avesti **aperto**
lui	ha **aperto**	aveva **aperto**	avrà **aperto**	ebbe **aperto**
noi	abbiamo **aperto**	avevamo **aperto**	avremo **aperto**	avemmo **aperto**
voi	avete **aperto**	avevate **aperto**	avrete **aperto**	aveste **aperto**
loro	hanno **aperto**	avevano **aperto**	avranno **aperto**	ebbero **aperto**

CONGIUNTIVO

	● presente	● imperfetto
io	apra	aprissi
tu	apra	aprissi
lui	apra	aprisse
noi	apriamo	aprissimo
voi	apriate	apriste
loro	aprano	aprissero

	● passato	● trapassato
io	abbia **aperto**	avessi **aperto**
tu	abbia **aperto**	avessi **aperto**
lui	abbia **aperto**	avesse **aperto**
noi	abbiamo **aperto**	avessimo **aperto**
voi	abbiate **aperto**	aveste **aperto**
loro	abbiano **aperto**	avessero **aperto**

CONDIZIONALE

● semplice
- aprirei
- apriresti
- aprirebbe
- apriremmo
- aprireste
- aprirebbero

● composto
- avrei **aperto**
- avresti **aperto**
- avrebbe **aperto**
- avremmo **aperto**
- avreste **aperto**
- avrebbero **aperto**

NOTE A PAG. 115

IMPERATIVO

tu	apri
lui	apra
noi	apriamo
voi	aprite
loro	aprano

GERUNDIO

● semplice
aprendo

● composto
avendo **aperto**

PARTICIPIO

● presente
aprente

● passato
aperto

AVERE

INDICATIVO

	• presente	• imperfetto	• futuro	• passato remoto
io	ho	avevo	avrò	ebbi
tu	hai	avevi	avrai	avesti
lui	ha	aveva	avrà	ebbe
noi	abbiamo	avevamo	avremo	avemmo
voi	avete	avevate	avrete	aveste
loro	hanno	avevano	avranno	ebbero

	• passato prossimo	• trapassato prossimo	• futuro anteriore	• trapassato remoto
io	ho avuto	avevo avuto	avrò avuto	ebbi avuto
tu	hai avuto	avevi avuto	avrai avuto	avesti avuto
lui	ha avuto	aveva avuto	avrà avuto	ebbe avuto
noi	abbiamo avuto	avevamo avuto	avremo avuto	avemmo avuto
voi	avete avuto	avevate avuto	avrete avuto	aveste avuto
loro	hanno avuto	avevano avuto	avranno avuto	ebbero avuto

CONGIUNTIVO

	• presente	• imperfetto
io	abbia	avessi
tu	abbia	avessi
lui	abbia	avesse
noi	abbiamo	avessimo
voi	abbiate	aveste
loro	abbiano	avessero

	• passato	• trapassato
io	abbia avuto	avessi avuto
tu	abbia avuto	avessi avuto
lui	abbia avuto	avesse avuto
noi	abbiamo avuto	avessimo avuto
voi	abbiate avuto	aveste avuto
loro	abbiano avuto	avessero avuto

CONDIZIONALE

	• semplice
io	avrei
tu	avresti
lui	avrebbe
noi	avremmo
voi	avreste
loro	avrebbero

	• composto
io	avrei avuto
tu	avresti avuto
lui	avrebbe avuto
noi	avremmo avuto
voi	avreste avuto
loro	avrebbero avuto

NOTE A PAG. 115

IMPERATIVO

tu	abbi
lui	abbia
noi	abbiamo
voi	abbiate
loro	abbiano

GERUNDIO

• semplice
avendo

• composto
avendo avuto

PARTICIPIO

• presente
avente

• passato
avuto

ALMA Edizioni | Verbissimo

BERE

INDICATIVO

	• presente	• imperfetto	• futuro	• passato remoto
io	bevo	bevevo	berrò	bevvi
tu	bevi	bevevi	berrai	bevesti
lui	beve	beveva	berrà	bevve
noi	beviamo	bevevamo	berremo	bevemmo
voi	bevete	bevevate	berrete	beveste
loro	bevono	bevevano	berranno	bevvero

	• passato prossimo	• trapassato prossimo	• futuro anteriore	• trapassato remoto
io	ho bevuto	avevo bevuto	avrò bevuto	ebbi bevuto
tu	hai bevuto	avevi bevuto	avrai bevuto	avesti bevuto
lui	ha bevuto	aveva bevuto	avrà bevuto	ebbe bevuto
noi	abbiamo bevuto	avevamo bevuto	avremo bevuto	avemmo bevuto
voi	avete bevuto	avevate bevuto	avrete bevuto	aveste bevuto
loro	hanno bevuto	avevano bevuto	avranno bevuto	ebbero bevuto

CONGIUNTIVO

	• presente	• imperfetto
io	beva	bevessi
tu	beva	bevessi
lui	beva	bevesse
noi	beviamo	bevessimo
voi	beviate	beveste
loro	bevano	bevessero

	• passato	• trapassato
io	abbia bevuto	avessi bevuto
tu	abbia bevuto	avessi bevuto
lui	abbia bevuto	avesse bevuto
noi	abbiamo bevuto	avessimo bevuto
voi	abbiate bevuto	aveste bevuto
loro	abbiano bevuto	avessero bevuto

CONDIZIONALE

	• semplice
io	berrei
tu	berresti
lui	berrebbe
noi	berremmo
voi	berreste
loro	berrebbero

	• composto
io	avrei bevuto
tu	avresti bevuto
lui	avrebbe bevuto
noi	avremmo bevuto
voi	avreste bevuto
loro	avrebbero bevuto

NOTE A PAG. 115

IMPERATIVO

tu	bevi
lui	beva
noi	beviamo
voi	bevete
loro	bevano

GERUNDIO

• semplice
bevendo

• composto
avendo bevuto

PARTICIPIO

• presente
bevente

• passato
bevuto

CADERE

INDICATIVO

	● presente	● imperfetto	● futuro	● passato remoto
io	cado	cadevo	**cadrò**	**caddi**
tu	cadi	cadevi	**cadrai**	cadesti
lui	cade	cadeva	**cadrà**	**cadde**
noi	cadiamo	cadevamo	**cadremo**	cademmo
voi	cadete	cadevate	**cadrete**	cadeste
loro	cadono	cadevano	**cadranno**	**caddero**

	● passato prossimo	● trapassato prossimo	● futuro anteriore	● trapassato remoto
io	sono caduto	ero caduto	sarò caduto	fui caduto
tu	sei caduto	eri caduto	sarai caduto	fosti caduto
lui	è caduto	era caduto	sarà caduto	fu caduto
noi	siamo caduti	eravamo caduti	saremo caduti	fummo caduti
voi	siete caduti	eravate caduti	sarete caduti	foste caduti
loro	sono caduti	erano caduti	saranno caduti	furono caduti

CONGIUNTIVO

	● presente	● imperfetto
io	cada	cadessi
tu	cada	cadessi
lui	cada	cadesse
noi	cadiamo	cadessimo
voi	cadiate	cadeste
loro	cadano	cadessero

	● passato	● trapassato
io	sia caduto	fossi caduto
tu	sia caduto	fossi caduto
lui	sia caduto	fosse caduto
noi	siamo caduti	fossimo caduti
voi	siate caduti	foste caduti
loro	siano caduti	fossero caduti

CONDIZIONALE

	● semplice
io	**cadrei**
tu	**cadresti**
lui	**cadrebbe**
noi	**cadremmo**
voi	**cadreste**
loro	**cadrebbero**

	● composto
io	sarei caduto
tu	saresti caduto
lui	sarebbe caduto
noi	saremmo caduti
voi	sareste caduti
loro	sarebbero caduti

NOTE A PAG. 115

IMPERATIVO

tu	cadi
lui	cada
noi	cadiamo
voi	cadete
loro	cadano

GERUNDIO

● semplice
cadendo

● composto
essendo caduto

PARTICIPIO

● presente
cadente

● passato
caduto

ALMA Edizioni | Verbissimo

CALERE

INDICATIVO

	● presente	● imperfetto	● futuro	● passato remoto
io	*	*	*	*
tu	*	*	*	*
lui	cale	caleva	*	calse
noi	*	*	*	*
voi	*	*	*	*
loro	*	*	*	*

	● passato prossimo	● trapassato prossimo	● futuro anteriore	● trapassato remoto
io	*	*	*	*
tu	*	*	*	*
lui	*	*	*	*
noi	*	*	*	*
voi	*	*	*	*
loro	*	*	*	*

CONGIUNTIVO

	● presente	● imperfetto
io	*	*
tu	*	*
lui	caglia	calesse
noi	*	*
voi	*	*
loro	*	*

	● passato	● trapassato
io	*	*
tu	*	*
lui	*	*
noi	*	*
voi	*	*
loro	*	*

CONDIZIONALE

● semplice
*

● composto
*

NOTE A PAG. 115

IMPERATIVO

tu	*
lui	*
noi	*
voi	*
loro	*

GERUNDIO

● semplice
*

● composto
*

PARTICIPIO

● presente
*

● passato
*

CHIEDERE

INDICATIVO

	• presente	• imperfetto	• futuro	• passato remoto
io	chiedo	chiedevo	chiederò	**chiesi**
tu	chiedi	chiedevi	chiederai	chiedesti
lui	chiede	chiedeva	chiederà	**chiese**
noi	chiediamo	chiedevamo	chiederemo	chiedemmo
voi	chiedete	chiedevate	chiederete	chiedeste
loro	chiedono	chiedevano	chiederanno	**chiesero**

	• passato prossimo	• trapassato prossimo	• futuro anteriore	• trapassato remoto
io	ho **chiesto**	avevo **chiesto**	avrò **chiesto**	ebbi **chiesto**
tu	hai **chiesto**	avevi **chiesto**	avrai **chiesto**	avesti **chiesto**
lui	ha **chiesto**	aveva **chiesto**	avrà **chiesto**	ebbe **chiesto**
noi	abbiamo **chiesto**	avevamo **chiesto**	avremo **chiesto**	avemmo **chiesto**
voi	avete **chiesto**	avevate **chiesto**	avrete **chiesto**	aveste **chiesto**
loro	hanno **chiesto**	avevano **chiesto**	avranno **chiesto**	ebbero **chiesto**

CONGIUNTIVO

	• presente	• imperfetto
io	chieda	chiedessi
tu	chieda	chiedessi
lui	chieda	chiedesse
noi	chiediamo	chiedessimo
voi	chiediate	chiedeste
loro	chiedano	chiedessero

	• passato	• trapassato
io	abbia **chiesto**	avessi **chiesto**
tu	abbia **chiesto**	avessi **chiesto**
lui	abbia **chiesto**	avesse **chiesto**
noi	abbiamo **chiesto**	avessimo **chiesto**
voi	abbiate **chiesto**	aveste **chiesto**
loro	abbiano **chiesto**	avessero **chiesto**

CONDIZIONALE

	• semplice	• composto
io	chiederei	avrei **chiesto**
tu	chiederesti	avresti **chiesto**
lui	chiederebbe	avrebbe **chiesto**
noi	chiederemmo	avremmo **chiesto**
voi	chiedereste	avreste **chiesto**
loro	chiederebbero	avrebbero **chiesto**

NOTE A PAG. 116

IMPERATIVO

tu	chiedi
lui	chieda
noi	chiediamo
voi	chiedete
loro	chiedano

GERUNDIO

• semplice
chiedendo

• composto
avendo **chiesto**

PARTICIPIO

• presente
chiedente

• passato
chiesto

COMPIERE

INDICATIVO

	● presente	● imperfetto	● futuro	● passato remoto
io	compio	compivo	compirò	compii
tu	compi	compivi	compirai	compisti
lui	compie	compiva	compirà	compì
noi	compiamo	compivamo	compiremo	compimmo
voi	compite	compivate	compirete	compiste
loro	compiono	compivano	compiranno	compirono

	● passato prossimo	● trapassato prossimo	● futuro anteriore	● trapassato remoto
io	ho compiuto	avevo compiuto	avrò compiuto	ebbi compiuto
tu	hai compiuto	avevi compiuto	avrai compiuto	avesti compiuto
lui	ha compiuto	aveva compiuto	avrà compiuto	ebbe compiuto
noi	abbiamo compiuto	avevamo compiuto	avremo compiuto	avemmo compiuto
voi	avete compiuto	avevate compiuto	avrete compiuto	aveste compiuto
loro	hanno compiuto	avevano compiuto	avranno compiuto	ebbero compiuto

CONGIUNTIVO

	● presente	● imperfetto
io	compia	compissi
tu	compia	compissi
lui	compia	compisse
noi	compiamo	compissimo
voi	compiate	compiste
loro	compiano	compissero

	● passato	● trapassato
io	abbia compiuto	avessi compiuto
tu	abbia compiuto	avessi compiuto
lui	abbia compiuto	avesse compiuto
noi	abbiamo compiuto	avessimo compiuto
voi	abbiate compiuto	aveste compiuto
loro	abbiano compiuto	avessero compiuto

CONDIZIONALE

	● semplice
io	compirei
tu	compiresti
lui	compirebbe
noi	compiremmo
voi	compireste
loro	compirebbero

	● composto
io	avrei compiuto
tu	avresti compiuto
lui	avrebbe compiuto
noi	avremmo compiuto
voi	avreste compiuto
loro	avrebbero compiuto

NOTE A PAG. 116

IMPERATIVO

tu	compi
lui	compia
noi	compiamo
voi	compite
loro	compiano

GERUNDIO

● semplice
compiendo

● composto
avendo compiuto

PARTICIPIO

● presente
compiente

● passato
compiuto

CONCEDERE

INDICATIVO

	• presente	• imperfetto	• futuro	• passato remoto
io	concedo	concedevo	concederò	**concessi**
tu	concedi	concedevi	concederai	concedesti
lui	concede	concedeva	concederà	**concesse**
noi	concediamo	concedevamo	concederemo	concedemmo
voi	concedete	concedevate	concederete	concedeste
loro	concedono	concedevano	concederanno	**concessero**

	• passato prossimo	• trapassato prossimo	• futuro anteriore	• trapassato remoto
io	ho **concesso**	avevo **concesso**	avrò **concesso**	ebbi **concesso**
tu	hai **concesso**	avevi **concesso**	avrai **concesso**	avesti **concesso**
lui	ha **concesso**	aveva **concesso**	avrà **concesso**	ebbe **concesso**
noi	abbiamo **concesso**	avevamo **concesso**	avremo **concesso**	avemmo **concesso**
voi	avete **concesso**	avevate **concesso**	avrete **concesso**	aveste **concesso**
loro	hanno **concesso**	avevano **concesso**	avranno **concesso**	ebbero **concesso**

CONGIUNTIVO

	• presente	• imperfetto
io	conceda	concedessi
tu	conceda	concedessi
lui	conceda	concedesse
noi	concediamo	concedessimo
voi	concediate	concedeste
loro	concedano	concedessero

	• passato	• trapassato
io	abbia **concesso**	avessi **concesso**
tu	abbia **concesso**	avessi **concesso**
lui	abbia **concesso**	avesse concesso
noi	abbiamo **concesso**	avessimo **concesso**
voi	abbiate **concesso**	aveste **concesso**
loro	abbiano **concesso**	avessero **concesso**

CONDIZIONALE

	• semplice
io	concederei
tu	concederesti
lui	concederebbe
noi	concederemmo
voi	concedereste
loro	concederebbero

	• composto
io	avrei **concesso**
tu	avresti **concesso**
lui	avrebbe **concesso**
noi	avremmo **concesso**
voi	avreste **concesso**
loro	avrebbero **concesso**

NOTE A PAG. 116

IMPERATIVO

tu	concedi
lui	conceda
noi	concediamo
voi	concedete
loro	concedano

GERUNDIO

• semplice
concedendo

• composto
avendo **concesso**

PARTICIPIO

• presente
concedente

• passato
concesso

CONOSCERE

INDICATIVO

	● presente	● imperfetto	● futuro	● passato remoto
io	conosco	conoscevo	conoscerò	**conobbi**
tu	conosci	conoscevi	conoscerai	conoscesti
lui	conosce	conosceva	conoscerà	**conobbe**
noi	conosciamo	conoscevamo	conosceremo	conoscemmo
voi	conoscete	conoscevate	conoscerete	conosceste
loro	conoscono	conoscevano	conosceranno	**conobbero**

	● passato prossimo	● trapassato prossimo	● futuro anteriore	● trapassato remoto
io	ho **conosciuto**	avevo **conosciuto**	avrò **conosciuto**	ebbi **conosciuto**
tu	hai **conosciuto**	avevi **conosciuto**	avrai **conosciuto**	avesti **conosciuto**
lui	ha **conosciuto**	aveva **conosciuto**	avrà **conosciuto**	ebbe **conosciuto**
noi	abbiamo **conosciuto**	avevamo **conosciuto**	avremo **conosciuto**	avemmo **conosciuto**
voi	avete **conosciuto**	avevate **conosciuto**	avrete **conosciuto**	aveste **conosciuto**
loro	hanno **conosciuto**	avevano **conosciuto**	avranno **conosciuto**	ebbero **conosciuto**

CONGIUNTIVO

	● presente	● imperfetto
io	conosca	conoscessi
tu	conosca	conoscessi
lui	conosca	conoscesse
noi	conosciamo	conoscessimo
voi	conosciate	conosceste
loro	conoscano	conoscessero

	● passato	● trapassato
io	abbia **conosciuto**	avessi **conosciuto**
tu	abbia **conosciuto**	avessi **conosciuto**
lui	abbia **conosciuto**	avesse **conosciuto**
noi	abbiamo **conosciuto**	avessimo **conosciuto**
voi	abbiate **conosciuto**	aveste **conosciuto**
loro	abbiano **conosciuto**	avessero **conosciuto**

CONDIZIONALE

● semplice
conoscerei
conosceresti
conoscerebbe
conosceremmo
conoscereste
conoscerebbero

● composto
avrei **conosciuto**
avresti **conosciuto**
avrebbe **conosciuto**
avremmo **conosciuto**
avreste **conosciuto**
avrebbero **conosciuto**

NOTE A PAG. 116

IMPERATIVO

tu	conosci
lui	conosca
noi	conosciamo
voi	conoscete
loro	conoscano

GERUNDIO

● semplice
conoscendo

● composto
avendo **conosciuto**

PARTICIPIO

● presente
conoscente

● passato
conosciuto

CONTUNDERE

INDICATIVO

	• presente	• imperfetto	• futuro	• passato remoto
io	contundo	contundevo	contunderò	contusi
tu	contundi	contundevi	contunderai	contundesti
lui	contunde	contundeva	contunderà	contuse
noi	contundiamo	contundevamo	contunderemo	contundemmo
voi	contundete	contundevate	contunderete	contundeste
loro	contundono	contundevano	contunderanno	contusero

	• passato prossimo	• trapassato prossimo	• futuro anteriore	• trapassato remoto
io	ho contuso	avevo contuso	avrò contuso	ebbi contuso
tu	hai contuso	avevi contuso	avrai contuso	avesti contuso
lui	ha contuso	aveva contuso	avrà contuso	ebbe contuso
noi	abbiamo contuso	avevamo contuso	avremo contuso	avemmo contuso
voi	avete contuso	avevate contuso	avrete contuso	aveste contuso
loro	hanno contuso	avevano contuso	avranno contuso	ebbero contuso

CONGIUNTIVO

	• presente	• imperfetto
io	contunda	contundessi
tu	contunda	contundessi
lui	contunda	contundesse
noi	contundiamo	contundessimo
voi	contundiate	contundeste
loro	contundano	contundessero

	• passato	• trapassato
io	abbia contuso	avessi contuso
tu	abbia contuso	avessi contuso
lui	abbia contuso	avesse contuso
noi	abbiamo contuso	avessimo contuso
voi	abbiate contuso	aveste contuso
loro	abbiano contuso	avessero contuso

CONDIZIONALE

	• semplice
io	contunderei
tu	contunderesti
lui	contunderebbe
noi	contunderemmo
voi	contundereste
loro	contunderebbero

	• composto
io	avrei contuso
tu	avresti contuso
lui	avrebbe contuso
noi	avremmo contuso
voi	avreste contuso
loro	avrebbero contuso

IMPERATIVO

tu	contundi
lui	contunda
noi	contundiamo
voi	contundete
loro	contundano

GERUNDIO

• semplice
contundendo

• composto
avendo contuso

PARTICIPIO

• presente
contundente

• passato
contuso

COPRIRE

INDICATIVO

	● presente	● imperfetto	● futuro	● passato remoto
io	copro	coprivo	coprirò	coprii
tu	copri	coprivi	coprirai	copristi
lui	copre	copriva	coprirà	coprì
noi	copriamo	coprivamo	copriremo	coprimmo
voi	coprite	coprivate	coprirete	copriste
loro	coprono	coprivano	copriranno	coprirono

	● passato prossimo	● trapassato prossimo	● futuro anteriore	● trapassato remoto
io	ho coperto	avevo coperto	avrò coperto	ebbi coperto
tu	hai coperto	avevi coperto	avrai coperto	avesti coperto
lui	ha coperto	aveva coperto	avrà coperto	ebbe coperto
noi	abbiamo coperto	avevamo coperto	avremo coperto	avemmo coperto
voi	avete coperto	avevate coperto	avrete coperto	aveste coperto
loro	hanno coperto	avevano coperto	avranno coperto	ebbero coperto

CONGIUNTIVO

	● presente	● imperfetto
io	copra	coprissi
tu	copra	coprissi
lui	copra	coprisse
noi	copriamo	coprissimo
voi	copriate	copriste
loro	coprano	coprissero

	● passato	● trapassato
io	abbia coperto	avessi coperto
tu	abbia coperto	avessi coperto
lui	abbia coperto	avesse coperto
noi	abbiamo coperto	avessimo coperto
voi	abbiate coperto	aveste coperto
loro	abbiano coperto	avessero coperto

NOTE A PAG. 116

CONDIZIONALE

● semplice
- coprirei
- copriresti
- coprirebbe
- copriremmo
- coprireste
- coprirebbero

● composto
- avrei coperto
- avresti coperto
- avrebbe coperto
- avremmo coperto
- avreste coperto
- avrebbero coperto

IMPERATIVO

tu	copri
lui	copra
noi	copriamo
voi	coprite
loro	coprano

GERUNDIO

● semplice
coprendo

● composto
avendo coperto

PARTICIPIO

● presente
coprente

● passato
coperto

CORRERE

INDICATIVO

	● presente	● imperfetto	● futuro	● passato remoto
io	corro	correvo	correrò	**corsi**
tu	corri	correvi	correrai	corresti
lui	corre	correva	correrà	**corse**
noi	corriamo	correvamo	correremo	**corremmo**
voi	correte	correvate	correrete	correste
loro	corrono	correvano	correranno	**corsero**
	● passato prossimo	● trapassato prossimo	● futuro anteriore	● trapassato remoto
io	ho **corso**	avevo **corso**	avrò **corso**	ebbi **corso**
tu	hai **corso**	avevi **corso**	avrai **corso**	avesti **corso**
lui	ha **corso**	aveva **corso**	avrà **corso**	ebbe **corso**
noi	abbiamo **corso**	avevamo **corso**	avremo **corso**	avemmo **corso**
voi	avete **corso**	avevate **corso**	avrete **corso**	aveste **corso**
loro	hanno **corso**	avevano **corso**	avranno **corso**	ebbero **corso**

CONGIUNTIVO

	● presente	● imperfetto
io	corra	corressi
tu	corra	corressi
lui	corra	corresse
noi	corriamo	corressimo
voi	corriate	correste
loro	corrano	corressero
	● passato	● trapassato
io	abbia **corso**	avessi **corso**
tu	abbia **corso**	avessi **corso**
lui	abbia **corso**	avesse **corso**
noi	abbiamo **corso**	avessimo **corso**
voi	abbiate **corso**	aveste **corso**
loro	abbiano **corso**	avessero **corso**

CONDIZIONALE

	● semplice
io	correrei
tu	correresti
lui	correrebbe
noi	correremmo
voi	correreste
loro	correrebbero
	● composto
io	avrei **corso**
tu	avresti **corso**
lui	avrebbe **corso**
noi	avremmo **corso**
voi	avreste **corso**
loro	avrebbero **corso**

NOTE A PAG. 116

IMPERATIVO

tu	corri
lui	corra
noi	corriamo
voi	correte
loro	corrano

GERUNDIO

● semplice
correndo

● composto
avendo **corso**

PARTICIPIO

● presente
corrente

● passato
corso

ALMA Edizioni | Verbissimo

CRESCERE

INDICATIVO

	● presente	● imperfetto	● futuro	● passato remoto
io	cresco	crescevo	crescerò	**crebbi**
tu	cresci	crescevi	crescerai	crescesti
lui	cresce	cresceva	crescerà	**crebbe**
noi	cresciamo	crescevamo	cresceremo	crescemmo
voi	crescete	crescevate	crescerete	cresceste
loro	crescono	crescevano	cresceranno	**crebbero**

	● passato prossimo	● trapassato prossimo	● futuro anteriore	● trapassato remoto
io	sono **cresciuto**	ero **cresciuto**	sarò **cresciuto**	fui **cresciuto**
tu	sei **cresciuto**	eri **cresciuto**	sarai **cresciuto**	fosti **cresciuto**
lui	è **cresciuto**	era **cresciuto**	sarà **cresciuto**	fu **cresciuto**
noi	siamo **cresciuti**	eravamo **cresciuti**	saremo **cresciuti**	fummo **cresciuti**
voi	siete **cresciuti**	eravate **cresciuti**	sarete **cresciuti**	foste **cresciuti**
loro	sono **cresciuti**	erano **cresciuti**	saranno **cresciuti**	furono **cresciuti**

CONGIUNTIVO

	● presente	● imperfetto
io	cresca	crescessi
tu	cresca	crescessi
lui	cresca	crescesse
noi	cresciamo	crescessimo
voi	cresciate	cresceste
loro	crescano	crescessero

NOTE A PAG. 116

	● passato	● trapassato
io	sia **cresciuto**	fossi **cresciuto**
tu	sia **cresciuto**	fossi **cresciuto**
lui	sia **cresciuto**	fosse **cresciuto**
noi	siamo **cresciuti**	fossimo **cresciuti**
voi	siate **cresciuti**	foste **cresciuti**
loro	siano **cresciuti**	fossero **cresciuti**

CONDIZIONALE

● semplice
- crescerei
- cresceresti
- crescerebbe
- cresceremmo
- crescereste
- crescerebbero

● composto
- sarei **cresciuto**
- saresti **cresciuto**
- sarebbe **cresciuto**
- saremmo **cresciuti**
- sareste **cresciuti**
- sarebbero **cresciuti**

IMPERATIVO

tu	cresci
lui	cresca
noi	cresciamo
voi	crescete
loro	crescano

GERUNDIO

● semplice
crescendo

● composto
essendo **cresciuto**

PARTICIPIO

● presente
crescente

● passato
cresciuto

CUOCERE

INDICATIVO

	• presente	• imperfetto	• futuro	• passato remoto
io	**cuocio**	cuocevo	cuocerò	**cossi**
tu	cuoci	cuocevi	cuocerai	cuocesti
lui	cuoce	cuoceva	cuocerà	**cosse**
noi	**cuociamo**	cuocevamo	cuoceremo	cuocemmo
voi	cuocete	cuocevate	cuocerete	cuoceste
loro	cuociono	cuocevano	cuoceranno	**cossero**

	• passato prossimo	• trapassato prossimo	• futuro anteriore	• trapassato remoto
io	ho **cotto**	avevo **cotto**	avrò **cotto**	ebbi **cotto**
tu	hai **cotto**	avevi **cotto**	avrai **cotto**	avesti **cotto**
lui	ha **cotto**	aveva **cotto**	avrà **cotto**	ebbe **cotto**
noi	abbiamo **cotto**	avevamo **cotto**	avremo **cotto**	avemmo **cotto**
voi	avete **cotto**	avevate **cotto**	avrete **cotto**	aveste **cotto**
loro	hanno **cotto**	avevano **cotto**	avranno **cotto**	ebbero **cotto**

CONGIUNTIVO

	• presente	• imperfetto
io	**cuocia**	cuocessi
tu	**cuocia**	cuocessi
lui	**cuocia**	cuocesse
noi	cuociamo	cuocessimo
voi	cuociate	cuoceste
loro	**cuociano**	cuocessero

	• passato	• trapassato
io	abbia **cotto**	avessi **cotto**
tu	abbia **cotto**	avessi **cotto**
lui	abbia **cotto**	avesse **cotto**
noi	abbiamo **cotto**	avessimo **cotto**
voi	abbiate **cotto**	aveste **cotto**
loro	abbiano **cotto**	avessero **cotto**

CONDIZIONALE

	• semplice
io	cuocerei
tu	cuoceresti
lui	cuocerebbe
noi	cuoceremmo
voi	cuocereste
loro	cuocerebbero

	• composto
io	avrei **cotto**
tu	avresti **cotto**
lui	avrebbe **cotto**
noi	avremmo **cotto**
voi	avreste **cotto**
loro	avrebbero **cotto**

NOTE A PAG. 116

IMPERATIVO

tu	cuoci
lui	**cuocia**
noi	cuociamo
voi	cuocete
loro	**cuociano**

GERUNDIO

• semplice
cuocendo

• composto
avendo **cotto**

PARTICIPIO

• presente
cocente

• passato
cotto

DARE

INDICATIVO

	● presente	● imperfetto	● futuro	● passato remoto
io	do	davo	darò	**diedi/detti**
tu	dai	davi	darai	**desti**
lui	**dà**	dava	darà	**diede/dette**
noi	diamo	davamo	daremo	**demmo**
voi	date	davate	darete	**deste**
loro	**danno**	davano	daranno	**diedero/dettero**
	● passato prossimo	● trapassato prossimo	● futuro anteriore	● trapassato remoto
io	ho dato	avevo dato	avrò dato	ebbi dato
tu	hai dato	avevi dato	avrai dato	avesti dato
lui	ha dato	aveva dato	avrà dato	ebbe dato
noi	abbiamo dato	avevamo dato	avremo dato	avemmo dato
voi	avete dato	avevate dato	avrete dato	aveste dato
loro	hanno dato	avevano dato	avranno dato	ebbero dato

CONGIUNTIVO

	● presente	● imperfetto
io	**dia**	**dessi**
tu	**dia**	**dessi**
lui	**dia**	**desse**
noi	diamo	**dessimo**
voi	diate	**deste**
loro	**diano**	**dessero**
	● passato	● trapassato
io	abbia dato	avessi dato
tu	abbia dato	avessi dato
lui	abbia dato	avesse dato
noi	abbiamo dato	avessimo dato
voi	abbiate dato	aveste dato
loro	abbiano dato	avessero dato

CONDIZIONALE

● semplice
- darei
- daresti
- darebbe
- daremmo
- dareste
- darebbero

● composto
- avrei dato
- avresti dato
- avrebbe dato
- avremmo dato
- avreste dato
- avrebbero dato

NOTE A PAG. 116

IMPERATIVO

tu	**da'**/dai
lui	**dia**
noi	diamo
voi	date
loro	**diano**

GERUNDIO

● semplice
dando

● composto
avendo dato

PARTICIPIO

● presente
dante

● passato
dato

DIRE

INDICATIVO

	● presente	● imperfetto	● futuro	● passato remoto
io	dico	dicevo	dirò	dissi
tu	dici	dicevi	dirai	dicesti
lui	dice	diceva	dirà	disse
noi	diciamo	dicevamo	diremo	dicemmo
voi	dite	dicevate	direte	diceste
loro	dicono	dicevano	diranno	dissero

	● passato prossimo	● trapassato prossimo	● futuro anteriore	● trapassato remoto
io	ho **detto**	avevo **detto**	avrò **detto**	ebbi **detto**
tu	hai **detto**	avevi **detto**	avrai **detto**	avesti **detto**
lui	ha **detto**	aveva **detto**	avrà **detto**	ebbe **detto**
noi	abbiamo **detto**	avevamo **detto**	avremo **detto**	avemmo **detto**
voi	avete **detto**	avevate **detto**	avrete **detto**	aveste **detto**
loro	hanno **detto**	avevano **detto**	avranno **detto**	ebbero **detto**

CONGIUNTIVO

	● presente	● imperfetto
io	dica	dicessi
tu	dica	dicessi
lui	dica	dicesse
noi	diciamo	dicessimo
voi	diciate	diceste
loro	dicano	dicessero

	● passato	● trapassato
io	abbia **detto**	avessi **detto**
tu	abbia **detto**	avessi **detto**
lui	abbia **detto**	avesse **detto**
noi	abbiamo **detto**	avessimo **detto**
voi	abbiate **detto**	aveste **detto**
loro	abbiano **detto**	avessero **detto**

CONDIZIONALE

	● semplice
io	direi
tu	diresti
lui	direbbe
noi	diremmo
voi	direste
loro	direbbero

	● composto
io	avrei **detto**
tu	avresti **detto**
lui	avrebbe **detto**
noi	avremmo **detto**
voi	avreste **detto**
loro	avrebbero **detto**

NOTE A PAG. 117

IMPERATIVO

tu	di'
lui	dica
noi	diciamo
voi	dite
loro	dicano

GERUNDIO

● semplice
dicendo

● composto
avendo **detto**

PARTICIPIO

● presente
dicente

● passato
detto

ALMA Edizioni | Verbissimo

DISCUTERE

INDICATIVO

	● presente	● imperfetto	● futuro	● passato remoto
io	discuto	discutevo	discuterò	**discussi**
tu	discuti	discutevi	discuterai	discutesti
lui	discute	discuteva	discuterà	**discusse**
noi	discutiamo	discutevamo	discuteremo	discutemmo
voi	discutete	discutevate	discuterete	discuteste
loro	discutono	discutevano	discuteranno	**discussero**

	● passato prossimo	● trapassato prossimo	● futuro anteriore	● trapassato remoto
io	ho **discusso**	avevo **discusso**	avrò **discusso**	ebbi **discusso**
tu	hai **discusso**	avevi **discusso**	avrai **discusso**	avesti **discusso**
lui	ha **discusso**	aveva **discusso**	avrà **discusso**	ebbe **discusso**
noi	abbiamo **discusso**	avevamo **discusso**	avremo **discusso**	avemmo **discusso**
voi	avete **discusso**	avevate **discusso**	avrete **discusso**	aveste **discusso**
loro	hanno **discusso**	avevano **discusso**	avranno **discusso**	ebbero **discusso**

CONGIUNTIVO

	● presente	● imperfetto
io	discuta	discutessi
tu	discuta	discutessi
lui	discuta	discutesse
noi	discutiamo	discutessimo
voi	discutiate	discuteste
loro	discutano	discutessero

	● passato	● trapassato
io	abbia **discusso**	avessi **discusso**
tu	abbia **discusso**	avessi **discusso**
lui	abbia **discusso**	avesse **discusso**
noi	abbiamo **discusso**	avessimo **discusso**
voi	abbiate **discusso**	aveste **discusso**
loro	abbiano **discusso**	avessero **discusso**

NOTE A PAG. 117

CONDIZIONALE

● semplice
discuterei
discuteresti
discuterebbe
discuteremmo
discutereste
discuterebbero

● composto
avrei **discusso**
avresti **discusso**
avrebbe **discusso**
avremmo **discusso**
avreste **discusso**
avrebbero **discusso**

IMPERATIVO

tu	discuti
lui	discuta
noi	discutiamo
voi	discutete
loro	discutano

GERUNDIO

● semplice
discutendo

● composto
avendo **discusso**

PARTICIPIO

● presente
discutente

● passato
discusso

DISTINGUERE

INDICATIVO

	● presente	● imperfetto	● futuro	● passato remoto
io	distinguo	distinguevo	distinguerò	**distinsi**
tu	distingui	distinguevi	distinguerai	distinguesti
lui	distingue	distingueva	distinguerà	**distinse**
noi	distinguiamo	distinguevamo	distingueremo	distinguemmo
voi	distinguete	distinguevate	distinguerete	distingueste
loro	distinguono	distinguevano	distingueranno	**distinsero**

	● passato prossimo	● trapassato prossimo	● futuro anteriore	● trapassato remoto
io	ho **distinto**	avevo **distinto**	avrò **distinto**	ebbi **distinto**
tu	hai **distinto**	avevi **distinto**	avrai **distinto**	avesti **distinto**
lui	ha **distinto**	aveva **distinto**	avrà **distinto**	ebbe **distinto**
noi	abbiamo **distinto**	avevamo **distinto**	avremo **distinto**	avemmo **distinto**
voi	avete **distinto**	avevate **distinto**	avrete **distinto**	aveste **distinto**
loro	hanno **distinto**	avevano **distinto**	avranno **distinto**	ebbero **distinto**

CONGIUNTIVO

	● presente	● imperfetto
io	distingua	distinguessi
tu	distingua	distinguessi
lui	distingua	distinguesse
noi	distinguiamo	distinguessimo
voi	distinguiate	distingueste
loro	distinguano	distinguessero

	● passato	● trapassato
io	abbia **distinto**	avessi **distinto**
tu	abbia **distinto**	avessi **distinto**
lui	abbia **distinto**	avesse **distinto**
noi	abbiamo **distinto**	avessimo **distinto**
voi	abbiate **distinto**	aveste **distinto**
loro	abbiano **distinto**	avessero **distinto**

CONDIZIONALE

	● semplice
io	distinguerei
tu	distingueresti
lui	distinguerebbe
noi	distingueremmo
voi	distinguereste
loro	distinguerebbero

	● composto
io	avrei **distinto**
tu	avresti **distinto**
lui	avrebbe **distinto**
noi	avremmo **distinto**
voi	avreste **distinto**
loro	avrebbero **distinto**

NOTE A PAG. 117

IMPERATIVO

tu	distingui
lui	distingua
noi	distinguiamo
voi	distinguete
loro	distinguano

GERUNDIO

● semplice
distinguendo

● composto
avendo **distinto**

PARTICIPIO

● presente
distinguente

● passato
distinto

DIVELLERE

INDICATIVO

	● presente	● imperfetto	● futuro	● passato remoto
io	**divelgo**/divello	divellevo	divellerò	**divelsi**
tu	divelli	divellevi	divellerai	divellesti
lui	divelle	divelleva	divellerà	**divelse**
noi	divelliamo	divellevamo	divelleremo	divellemmo
voi	divellete	divellevate	divellerete	divelleste
loro	**divelgono**/divellono	divellevano	divelleranno	**divelsero**

	● passato prossimo	● trapassato prossimo	● futuro anteriore	● trapassato remoto
io	ho **divelto**	avevo **divelto**	avrò **divelto**	ebbi **divelto**
tu	hai **divelto**	avevi **divelto**	avrai **divelto**	avesti **divelto**
lui	ha **divelto**	aveva **divelto**	avrà **divelto**	ebbe **divelto**
noi	abbiamo **divelto**	avevamo **divelto**	avremo **divelto**	avemmo **divelto**
voi	avete **divelto**	avevate **divelto**	avrete **divelto**	aveste **divelto**
loro	hanno **divelto**	avevano **divelto**	avranno **divelto**	ebbero **divelto**

CONGIUNTIVO

	● presente	● imperfetto
io	**divelga**/divella	divellessi
tu	**divelga**/divella	divellessi
lui	**divelga**/divella	divellesse
noi	divelliamo	divellessimo
voi	divelliate	divelleste
loro	**divelgano**	divellessero

	● passato	● trapassato
io	abbia **divelto**	avessi **divelto**
tu	abbia **divelto**	avessi **divelto**
lui	abbia **divelto**	avesse **divelto**
noi	abbiamo **divelto**	avessimo **divelto**
voi	abbiate **divelto**	aveste **divelto**
loro	abbiano **divelto**	avessero **divelto**

CONDIZIONALE

● semplice
- divellerei
- divelleresti
- divellerebbe
- divelleremmo
- divellereste
- divellerebbero

● composto
- avrei **divelto**
- avresti **divelto**
- avrebbe **divelto**
- avremmo **divelto**
- avreste **divelto**
- avrebbero **divelto**

IMPERATIVO

tu	divelli
lui	**divelga**/divella
noi	divelliamo
voi	divellete
loro	**divelgano**/divellano

GERUNDIO

● semplice
divellendo

● composto
avendo **divelto**

PARTICIPIO

● presente
divellente

● passato
divelto

DOLERE

INDICATIVO

	• presente	• imperfetto	• futuro	• passato remoto
io	**dolgo**	dolevo	dorrò	**dolsi**
tu	**duoli**	dolevi	dorrai	dolesti
lui	**duole**	doleva	dorrà	**dolse**
noi	doliamo/**dogliamo**	dolevamo	dorremo	dolemmo
voi	dolete	dolevate	dorrete	doleste
loro	**dolgono**	dolevano	dorranno	**dolsero**

	• passato prossimo	• trapassato prossimo	• futuro anteriore	• trapassato remoto
io	ho **doluto**	avevo **doluto**	avrò **doluto**	ebbi **doluto**
tu	hai **doluto**	avevi **doluto**	avrai **doluto**	avesti **doluto**
lui	ha **doluto**	aveva **doluto**	avrà **doluto**	ebbe **doluto**
noi	abbiamo **doluto**	avevamo **doluto**	avremo **doluto**	avemmo **doluto**
voi	avete **doluto**	avevate **doluto**	avrete **doluto**	aveste **doluto**
loro	hanno **doluto**	avevano **doluto**	avranno **doluto**	ebbero **doluto**

CONGIUNTIVO

	• presente	• imperfetto
io	**dolga**	dolessi
tu	**dolga**	dolessi
lui	**dolga**	dolesse
noi	doliamo/**dogliamo**	dolessimo
voi	doliate/**dogliate**	doleste
loro	**dolgano**	dolessero

	• passato	• trapassato
io	abbia **doluto**	avessi **doluto**
tu	abbia **doluto**	avessi **doluto**
lui	abbia **doluto**	avesse **doluto**
noi	abbiamo **doluto**	avessimo **doluto**
voi	abbiate **doluto**	aveste **doluto**
loro	abbiano **doluto**	avessero **doluto**

CONDIZIONALE

	• semplice
io	**dorrei**
tu	**dorresti**
lui	**dorrebbe**
noi	**dorremmo**
voi	**dorreste**
loro	**dorrebbero**

	• composto
io	avrei **doluto**
tu	avresti **doluto**
lui	avrebbe **doluto**
noi	avremmo **doluto**
voi	avreste **doluto**
loro	avrebbero **doluto**

NOTE A PAG. 117

IMPERATIVO

tu	duoli
lui	dolga
noi	doliamo/**dogliamo**
voi	dolete
loro	**dolgano**

GERUNDIO

• semplice
dolendo

• composto
avendo **doluto**

PARTICIPIO

• presente
dolente

• passato
doluto

DOVERE

INDICATIVO

	● presente	● imperfetto	● futuro	● passato remoto
io	devo/**debbo**	dovevo	**dovrò**	dovei/dovetti
tu	devi	dovevi	**dovrai**	dovesti
lui	deve	doveva	**dovrà**	**dové**/dovette
noi	**dobbiamo**	dovevamo	**dovremo**	dovemmo
voi	dovete	dovevate	**dovrete**	doveste
loro	devono/**debbono**	dovevano	**dovranno**	doverono/dovettero

	● passato prossimo	● trapassato prossimo	● futuro anteriore	● trapassato remoto
io	ho dovuto	avevo dovuto	avrò dovuto	ebbi dovuto
tu	hai dovuto	avevi dovuto	avrai dovuto	avesti dovuto
lui	ha dovuto	aveva dovuto	avrà dovuto	ebbe dovuto
noi	abbiamo dovuto	avevamo dovuto	avremo dovuto	avemmo dovuto
voi	avete dovuto	avevate dovuto	avrete dovuto	aveste dovuto
loro	hanno dovuto	avevano dovuto	avranno dovuto	ebbero dovuto

CONGIUNTIVO

	● presente	● imperfetto
io	**debba**/deva	dovessi
tu	**debba**/deva	dovessi
lui	**debba**/deva	dovesse
noi	dobbiamo	dovessimo
voi	dobbiate	doveste
loro	**debbano**/devano	dovessero

	● passato	● trapassato
io	abbia dovuto	avessi dovuto
tu	abbia dovuto	avessi dovuto
lui	abbia dovuto	avesse dovuto
noi	abbiamo dovuto	avessimo dovuto
voi	abbiate dovuto	aveste dovuto
loro	abbiano dovuto	avessero dovuto

CONDIZIONALE

	● semplice
io	**dovrei**
tu	**dovresti**
lui	**dovrebbe**
noi	**dovremmo**
voi	**dovreste**
loro	**dovrebbero**

	● composto
io	avrei dovuto
tu	avresti dovuto
lui	avrebbe dovuto
noi	avremmo dovuto
voi	avreste dovuto
loro	avrebbero dovuto

NOTE A PAG. 117

IMPERATIVO

tu	*
lui	*
noi	*
voi	*
loro	*

GERUNDIO

● semplice
dovendo

● composto
avendo dovuto

PARTICIPIO

● presente
dovente

● passato
dovuto

ECCELLERE

INDICATIVO

	● presente	● imperfetto	● futuro	● passato remoto
io	eccello	eccellevo	eccellerò	eccelsi
tu	eccelli	eccellevi	eccellerai	eccellesti
lui	eccelle	eccelleva	eccellerà	eccelse
noi	eccelliamo	eccellevamo	eccelleremo	eccellemmo
voi	eccellete	eccellevate	eccellerete	eccelleste
loro	eccellono	eccellevano	eccelleranno	eccelsero

	● passato prossimo	● trapassato prossimo	● futuro anteriore	● trapassato remoto
io	ho eccelso	avevo eccelso	avrò eccelso	ebbi eccelso
tu	hai eccelso	avevi eccelso	avrai eccelso	avesti eccelso
lui	ha eccelso	aveva eccelso	avrà eccelso	ebbe eccelso
noi	abbiamo eccelso	avevamo eccelso	avremo eccelso	avemmo eccelso
voi	avete eccelso	avevate eccelso	avrete eccelso	aveste eccelso
loro	hanno eccelso	avevano eccelso	avranno eccelso	ebbero eccelso

CONGIUNTIVO

	● presente	● imperfetto
io	eccella	eccellessi
tu	eccella	eccellessi
lui	eccella	eccellesse
noi	eccelliamo	eccellessimo
voi	eccelliate	eccelleste
loro	eccellano	eccellessero

	● passato	● trapassato
io	abbia eccelso	avessi eccelso
tu	abbia eccelso	avessi eccelso
lui	abbia eccelso	avesse eccelso
noi	abbiamo eccelso	avessimo eccelso
voi	abbiate eccelso	aveste eccelso
loro	abbiano eccelso	avessero eccelso

CONDIZIONALE

	● semplice	● composto
io	eccellerei	avrei eccelso
tu	eccelleresti	avresti eccelso
lui	eccellerebbe	avrebbe eccelso
noi	eccelleremmo	avremmo eccelso
voi	eccellereste	avreste eccelso
loro	eccellerebbero	avrebbero eccelso

IMPERATIVO

tu	eccelli
lui	eccella
noi	eccelliamo
voi	eccellete
loro	eccellono

GERUNDIO

● semplice
eccellendo

● composto
avendo eccelso

PARTICIPIO

● presente
eccellente

● passato
eccelso

ESIGERE

INDICATIVO

	• presente	• imperfetto	• futuro	• passato remoto
io	esigo	esigevo	esigerò	esigei
tu	esigi	esigevi	esigerai	esigesti
lui	esige	esigeva	esigerà	esigé
noi	esigiamo	esigevamo	esigeremo	esigemmo
voi	esigete	esigevate	esigerete	esigeste
loro	esigono	esigevano	esigeranno	esigerono

	• passato prossimo	• trapassato prossimo	• futuro anteriore	• trapassato remoto
io	ho esatto	avevo esatto	avrò esatto	ebbi esatto
tu	hai esatto	avevi esatto	avrai esatto	avesti esatto
lui	ha esatto	aveva esatto	avrà esatto	ebbe esatto
noi	abbiamo esatto	avevamo esatto	avremo esatto	avemmo esatto
voi	avete esatto	avevate esatto	avrete esatto	aveste esatto
loro	hanno esatto	avevano esatto	avranno esatto	ebbero esatto

CONGIUNTIVO

	• presente	• imperfetto
io	esiga	esigessi
tu	esiga	esigessi
lui	esiga	esigesse
noi	esigiamo	esigessimo
voi	esigiate	esigeste
loro	esigano	esigessero

	• passato	• trapassato
io	abbia esatto	avessi esatto
tu	abbia esatto	avessi esatto
lui	abbia esatto	avesse esatto
noi	abbiamo esatto	avessimo esatto
voi	abbiate esatto	aveste esatto
loro	abbiano esatto	avessero esatto

CONDIZIONALE

	• semplice
io	esigerei
tu	esigeresti
lui	esigerebbe
noi	esigeremmo
voi	esigereste
loro	esigerebbero

	• composto
io	avrei esatto
tu	avresti esatto
lui	avrebbe esatto
noi	avremmo esatto
voi	avreste esatto
loro	avrebbero esatto

NOTE A PAG. 117

IMPERATIVO

tu	esigi
lui	esiga
noi	esigiamo
voi	esigete
loro	esigano

GERUNDIO

• semplice
esigendo

• composto
avendo esatto

PARTICIPIO

• presente
esigente

• passato
(esatto)

ESPELLERE

INDICATIVO

	● presente	● imperfetto	● futuro	● passato remoto
io	espello	espellevo	espellerò	**espulsi**
tu	espelli	espellevi	espellerai	espellesti
lui	espelle	espelleva	espellerà	**espulse**
noi	espelliamo	espellevamo	espelleremo	espellemmo
voi	espellete	espellevate	espellerete	espelleste
loro	espellono	espellevano	espelleranno	**espulsero**

	● passato prossimo	● trapassato prossimo	● futuro anteriore	● trapassato remoto
io	ho **espulso**	avevo **espulso**	avrò **espulso**	ebbi **espulso**
tu	hai **espulso**	avevi **espulso**	avrai **espulso**	avesti **espulso**
lui	ha **espulso**	aveva **espulso**	avrà **espulso**	ebbe **espulso**
noi	abbiamo **espulso**	avevamo **espulso**	avremo **espulso**	avemmo **espulso**
voi	avete **espulso**	avevate **espulso**	avrete **espulso**	aveste **espulso**
loro	hanno **espulso**	avevano **espulso**	avranno **espulso**	ebbero **espulso**

CONGIUNTIVO

	● presente	● imperfetto
io	espella	espellessi
tu	espella	espellessi
lui	espella	espellesse
noi	espelliamo	espellessimo
voi	espelliate	espelleste
loro	espellano	espellessero

	● passato	● trapassato
io	abbia **espulso**	avessi **espulso**
tu	abbia **espulso**	avessi **espulso**
lui	abbia **espulso**	avesse **espulso**
noi	abbiamo **espulso**	avessimo **espulso**
voi	abbiate **espulso**	aveste **espulso**
loro	abbiano **espulso**	avessero **espulso**

CONDIZIONALE

	● semplice	● composto
io	espellerei	avrei **espulso**
tu	espelleresti	avresti **espulso**
lui	espellerebbe	avrebbe **espulso**
noi	espelleremmo	avremmo **espulso**
voi	espellereste	avreste **espulso**
loro	espellerebbero	avrebbero **espulso**

IMPERATIVO

tu	espelli
lui	espella
noi	espelliamo
voi	espellete
loro	espellano

GERUNDIO

● semplice
espellendo

● composto
avendo **espulso**

PARTICIPIO

● presente
espellente

● passato
espulso

ESSERE

INDICATIVO

	• presente	• imperfetto	• futuro	• passato remoto
io	sono	ero	sarò	fui
tu	sei	eri	sarai	fosti
lui	è	era	sarà	fu
noi	siamo	eravamo	saremo	fummo
voi	siete	eravate	sarete	foste
loro	sono	erano	saranno	furono

	• passato prossimo	• trapassato prossimo	• futuro anteriore	• trapassato remoto
io	sono stato	ero stato	sarò stato	fui stato
tu	sei stato	eri stato	sarai stato	fosti stato
lui	è stato	era stato	sarà stato	fu stato
noi	siamo stati	eravamo stati	saremo stati	fummo stati
voi	siete stati	eravate stati	sarete stati	foste stati
loro	sono stati	erano stati	saranno stati	furono stati

NOTE A PAG. 117

CONGIUNTIVO

	• presente	• imperfetto
io	sia	fossi
tu	sia	fossi
lui	sia	fosse
noi	siamo	fossimo
voi	siate	foste
loro	siano	fossero

	• passato	• trapassato
io	sia stato	fossi stato
tu	sia stato	fossi stato
lui	sia stato	fosse stato
noi	siamo stati	fossimo stati
voi	siate stati	foste stati
loro	siano stati	fossero stati

CONDIZIONALE

• semplice
- sarei
- saresti
- sarebbe
- saremmo
- sareste
- sarebbero

• composto
- sarei stato
- saresti stato
- sarebbe stato
- saremmo stati
- sareste stati
- sarebbero stati

IMPERATIVO

tu	sii
lui	sia
noi	siamo
voi	siate
loro	siano

GERUNDIO

• semplice
essendo

• composto
essendo stato

PARTICIPIO

• presente
(essente)

• passato
stato

ESTINGUERE

INDICATIVO

	● presente	● imperfetto	● futuro	● passato remoto
io	estinguo	estinguevo	estinguerò	**estinsi**
tu	estingui	estinguevi	estinguerai	estinguesti
lui	estingue	estingueva	estinguerà	**estinse**
noi	estinguiamo	estinguevamo	estingueremo	estinguemmo
voi	estinguete	estinguevate	estinguerete	estingueste
loro	estinguono	estinguevano	estingueranno	**estinsero**

	● passato prossimo	● trapassato prossimo	● futuro anteriore	● trapassato remoto
io	ho **estinto**	avevo **estinto**	avrò **estinto**	ebbi **estinto**
tu	hai **estinto**	avevi **estinto**	avrai **estinto**	avesti **estinto**
lui	ha **estinto**	aveva **estinto**	avrà **estinto**	ebbe **estinto**
noi	abbiamo **estinto**	avevamo **estinto**	avremo **estinto**	avemmo **estinto**
voi	avete **estinto**	avevate **estinto**	avrete **estinto**	aveste **estinto**
loro	hanno **estinto**	avevano **estinto**	avranno **estinto**	ebbero **estinto**

CONGIUNTIVO

	● presente	● imperfetto
io	estingua	estinguessi
tu	estingua	estinguessi
lui	estingua	estinguesse
noi	estinguiamo	estinguessimo
voi	estinguiate	estingueste
loro	estinguano	estinguessero

	● passato	● trapassato
io	abbia **estinto**	avessi **estinto**
tu	abbia **estinto**	avessi **estinto**
lui	abbia **estinto**	avesse **estinto**
noi	abbiamo **estinto**	avessimo **estinto**
voi	abbiate **estinto**	aveste **estinto**
loro	abbiano **estinto**	avessero **estinto**

CONDIZIONALE

	● semplice
io	estinguerei
tu	estingueresti
lui	estinguerebbe
noi	estingueremmo
voi	estinguereste
loro	estinguerebbero

	● composto
io	avrei **estinto**
tu	avresti **estinto**
lui	avrebbe **estinto**
noi	avremmo **estinto**
voi	avreste **estinto**
loro	avrebbero **estinto**

NOTE A PAG. 117

IMPERATIVO

tu	estingui
lui	estingua
noi	estinguiamo
voi	estinguete
loro	estinguano

GERUNDIO

● semplice
estinguendo

● composto
avendo **estinto**

PARTICIPIO

● presente
estinguente

● passato
estinto

EVOLVERE

INDICATIVO

	• presente	• imperfetto	• futuro	• passato remoto
io	evolvo	evolvevo	evolverò	evolvei/evolvetti/**evolsi**
tu	evolvi	evolvevi	evolverai	evolvesti
lui	evolve	evolveva	evolverà	evolvé/evolvette/**evolse**
noi	evolviamo	evolvevamo	evolveremo	evolvemmo
voi	evolvete	evolvevate	evolverete	evolveste
loro	evolvono	evolvevano	evolveranno	evolverono/evolvettero/**evolsero**

	• passato prossimo	• trapassato prossimo	• futuro anteriore	• trapassato remoto
io	sono evoluto	ero evoluto	sarò evoluto	fui evoluto
tu	sei evoluto	eri evoluto	sarai evoluto	fosti evoluto
lui	è evoluto	era evoluto	sarà evoluto	fu evoluto
noi	siamo evoluti	eravamo evoluti	saremo evoluti	fummo evoluti
voi	siete evoluti	eravate evoluti	sarete evoluti	foste evoluti
loro	sono evoluti	erano evoluti	saranno evoluti	furono evoluti

CONGIUNTIVO

	• presente	• imperfetto
io	evolva	evolvessi
tu	evolva	evolvessi
lui	evolva	evolvesse
noi	evolviamo	evolvessimo
voi	evolviate	evolveste
loro	evolvano	evolvessero

	• passato	• trapassato
io	sia evoluto	fossi evoluto
tu	sia evoluto	fossi evoluto
lui	sia evoluto	fosse evoluto
noi	siamo evoluti	fossimo evoluti
voi	siate evoluti	foste evoluti
loro	siano evoluti	fossero evoluti

CONDIZIONALE

	• semplice
io	evolverei
tu	evolveresti
lui	evolverebbe
noi	evolveremmo
voi	evolvereste
loro	evolverebbero

	• composto
io	sarei evoluto
tu	saresti evoluto
lui	sarebbe evoluto
noi	saremmo evoluti
voi	sareste evoluti
loro	sarebbero evoluti

IMPERATIVO

tu	evolvi
lui	evolva
noi	evolviamo
voi	evolvete
loro	evolvano

GERUNDIO

• semplice
evolvendo

• composto
essendo evoluto

PARTICIPIO

• presente
evolvente

• passato
evoluto

FARE

INDICATIVO

	● presente	● imperfetto	● futuro	● passato remoto
io	faccio	facevo	farò	feci
tu	fai	facevi	farai	facesti
lui	fa	faceva	farà	fece
noi	facciamo	facevamo	faremo	facemmo
voi	fate	facevate	farete	faceste
loro	fanno	facevano	faranno	fecero

	● passato prossimo	● trapassato prossimo	● futuro anteriore	● trapassato remoto
io	ho fatto	avevo fatto	avrò fatto	ebbi fatto
tu	hai fatto	avevi fatto	avrai fatto	avesti fatto
lui	ha fatto	aveva fatto	avrà fatto	ebbe fatto
noi	abbiamo fatto	avevamo fatto	avremo fatto	avemmo fatto
voi	avete fatto	avevate fatto	avrete fatto	aveste fatto
loro	hanno fatto	avevano fatto	avranno fatto	ebbero fatto

CONGIUNTIVO

	● presente	● imperfetto
io	faccia	facessi
tu	faccia	facessi
lui	faccia	facesse
noi	facciamo	facessimo
voi	facciate	faceste
loro	facciano	facessero

	● passato	● trapassato
io	abbia fatto	avessi fatto
tu	abbia fatto	avessi fatto
lui	abbia fatto	avesse fatto
noi	abbiamo fatto	avessimo fatto
voi	abbiate fatto	aveste fatto
loro	abbiano fatto	avessero fatto

CONDIZIONALE

	● semplice
io	farei
tu	faresti
lui	farebbe
noi	faremmo
voi	fareste
loro	farebbero

	● composto
io	avrei fatto
tu	avresti fatto
lui	avrebbe fatto
noi	avremmo fatto
voi	avreste fatto
loro	avrebbero fatto

NOTE A PAG. 117

IMPERATIVO

tu	fa'/fai
lui	faccia
noi	facciamo
voi	fate
loro	facciano

GERUNDIO

● semplice
facendo

● composto
avendo fatto

PARTICIPIO

● presente
facente

● passato
fatto

FONDERE

INDICATIVO

	● presente	● imperfetto	● futuro	● passato remoto
io	fondo	fondevo	fonderò	**fusi**
tu	fondi	fondevi	fonderai	fondesti
lui	fonde	fondeva	fonderà	**fuse**
noi	fondiamo	fondevamo	fonderemo	fondemmo
voi	fondete	fondevate	fonderete	fondeste
loro	fondono	fondevano	fonderanno	**fusero**

	● passato prossimo	● trapassato prossimo	● futuro anteriore	● trapassato remoto
io	ho **fuso**	avevo **fuso**	avrò **fuso**	ebbi **fuso**
tu	hai **fuso**	avevi **fuso**	avrai **fuso**	avesti **fuso**
lui	ha **fuso**	aveva **fuso**	avrà **fuso**	ebbe **fuso**
noi	abbiamo **fuso**	avevamo **fuso**	avremo **fuso**	avemmo **fuso**
voi	avete **fuso**	avevate **fuso**	avrete **fuso**	aveste **fuso**
loro	hanno **fuso**	avevano **fuso**	avranno **fuso**	ebbero **fuso**

CONGIUNTIVO

	● presente	● imperfetto
io	fonda	fondessi
tu	fonda	fondessi
lui	fonda	fondesse
noi	fondiamo	fondessimo
voi	fondiate	fondeste
loro	fondano	fondessero

	● passato	● trapassato
io	abbia **fuso**	avessi **fuso**
tu	abbia **fuso**	avessi **fuso**
lui	abbia **fuso**	avesse **fuso**
noi	abbiamo **fuso**	avessimo **fuso**
voi	abbiate **fuso**	aveste **fuso**
loro	abbiano **fuso**	avessero **fuso**

CONDIZIONALE

	● semplice
io	fonderei
tu	fonderesti
lui	fonderebbe
noi	fonderemmo
voi	fondereste
loro	fonderebbero

	● composto
io	avrei **fuso**
tu	avresti **fuso**
lui	avrebbe **fuso**
noi	avremmo **fuso**
voi	avreste **fuso**
loro	avrebbero **fuso**

IMPERATIVO

tu	fondi
lui	fonda
noi	fondiamo
voi	fondete
loro	fondano

GERUNDIO

● semplice
fondendo

● composto
avendo **fuso**

PARTICIPIO

● presente
fondente

● passato
fuso

FULGERE

INDICATIVO

	● presente	● imperfetto	● futuro	● passato remoto
io	fulgo	fulgevo	fulgerò	**fulsi**
tu	fulgi	fulgevi	fulgerai	fulgesti
lui	fulge	fulgeva	fulgerà	**fulse**
noi	fulgiamo	fulgevamo	fulgeremo	fulgemmo
voi	fulgete	fulgevate	fulgerete	fulgeste
loro	fulgono	fulgevano	fulgeranno	**fulsero**

	● passato prossimo	● trapassato prossimo	● futuro anteriore	● trapassato remoto
io	*	*	*	*
tu	*	*	*	*
lui	*	*	*	*
noi	*	*	*	*
voi	*	*	*	*
loro	*	*	*	*

CONGIUNTIVO

	● presente	● imperfetto
io	fulga	fulgessi
tu	fulga	fulgessi
lui	fulga	fulgesse
noi	fulgiamo	fulgessimo
voi	fulgiate	fulgeste
loro	fulgano	fulgessero

	● passato	● trapassato
io	*	*
tu	*	*
lui	*	*
noi	*	*
voi	*	*
loro	*	*

CONDIZIONALE

	● semplice
io	fulgerei
tu	fulgeresti
lui	fulgerebbe
noi	fulgeremmo
voi	fulgereste
loro	fulgerebbero

	● composto
io	*
tu	*
lui	*
noi	*
voi	*
loro	*

NOTE A PAG. 118

IMPERATIVO

tu	fulgi
lui	fulga
noi	fulgiamo
voi	fulgete
loro	fulgano

GERUNDIO

● semplice
fulgendo

● composto
*

PARTICIPIO

● presente
fulgente

● passato
*

GIACERE

INDICATIVO

	● presente	● imperfetto	● futuro	● passato remoto
io	**giaccio**	giacevo	giacerò	**giacqui**
tu	giaci	giacevi	giacerai	giacesti
lui	giace	giaceva	giacerà	**giacque**
noi	**giacciamo**/giaciamo	giacevamo	giaceremo	giacemmo
voi	giacete	giacevate	giacerete	giaceste
loro	**giacciono**	giacevano	giaceranno	**giacquero**

	● passato prossimo	● trapassato prossimo	● futuro anteriore	● trapassato remoto
io	ho **giaciuto**	avevo **giaciuto**	avrò **giaciuto**	ebbi **giaciuto**
tu	hai **giaciuto**	avevi **giaciuto**	avrai **giaciuto**	avesti **giaciuto**
lui	ha **giaciuto**	aveva **giaciuto**	avrà **giaciuto**	ebbe **giaciuto**
noi	abbiamo **giaciuto**	avevamo **giaciuto**	avremo **giaciuto**	avemmo **giaciuto**
voi	avete **giaciuto**	avevate **giaciuto**	avrete **giaciuto**	aveste **giaciuto**
loro	hanno **giaciuto**	avevano **giaciuto**	avranno **giaciuto**	ebbero **giaciuto**

CONGIUNTIVO

	● presente	● imperfetto
io	**giaccia**	giacessi
tu	**giaccia**	giacessi
lui	**giaccia**	giacesse
noi	**giacciamo**/giaciamo	giacessimo
voi	**giacciate**/giaciate	giaceste
loro	**giacciano**	giacessero

	● passato	● trapassato
io	abbia **giaciuto**	avessi **giaciuto**
tu	abbia **giaciuto**	avessi **giaciuto**
lui	abbia **giaciuto**	avesse **giaciuto**
noi	abbiamo **giaciuto**	avessimo **giaciuto**
voi	abbiate **giaciuto**	aveste **giaciuto**
loro	abbiano **giaciuto**	avessero **giaciuto**

CONDIZIONALE

● semplice
giacerei
giaceresti
giacerebbe
giaceremmo
giacereste
giacerebbero

● composto
avrei **giaciuto**
avresti **giaciuto**
avrebbe **giaciuto**
avremmo **giaciuto**
avreste **giaciuto**
avrebbero **giaciuto**

NOTE A PAG. 118

IMPERATIVO

tu	giaci
lui	**giaccia**
noi	**giacciamo**
voi	giacete
loro	**giacciano**

GERUNDIO

● semplice
giacendo

● composto
avendo **giaciuto**

PARTICIPIO

● presente
giacente

● passato
giaciuto

GODERE

INDICATIVO

	• presente	• imperfetto	• futuro	• passato remoto
io	godo	godevo	**godrò**	godei
tu	godi	godevi	**godrai**	godesti
lui	gode	godeva	**godrà**	godé
noi	godiamo	godevamo	**godremo**	godemmo
voi	godete	godevate	**godrete**	godeste
loro	godono	godevano	**godranno**	goderono
	• passato prossimo	• trapassato prossimo	• futuro anteriore	• trapassato remoto
io	ho goduto	avevo goduto	avrò goduto	ebbi goduto
tu	hai goduto	avevi goduto	avrai goduto	avesti goduto
lui	ha goduto	aveva goduto	avrà goduto	ebbe goduto
noi	abbiamo goduto	avevamo goduto	avremo goduto	avemmo goduto
voi	avete goduto	avevate goduto	avrete goduto	aveste goduto
loro	hanno goduto	avevano goduto	avranno goduto	ebbero goduto

CONGIUNTIVO

	• presente	• imperfetto
io	goda	godessi
tu	goda	godessi
lui	goda	godesse
noi	godiamo	godessimo
voi	godiate	godeste
loro	godano	godessero
	• passato	• trapassato
io	abbia goduto	avessi goduto
tu	abbia goduto	avessi goduto
lui	abbia goduto	avesse goduto
noi	abbiamo goduto	avessimo goduto
voi	abbiate goduto	aveste goduto
loro	abbiano goduto	avessero goduto

CONDIZIONALE

	• semplice
io	**godrei**
tu	**godresti**
lui	**godrebbe**
noi	**godremmo**
voi	**godreste**
loro	**godrebbero**
	• composto
io	avrei goduto
tu	avresti goduto
lui	avrebbe goduto
noi	avremmo goduto
voi	avreste goduto
loro	avrebbero goduto

IMPERATIVO

tu	godi
lui	goda
noi	godiamo
voi	godete
loro	godano

GERUNDIO

• semplice
godendo

• composto
avendo goduto

PARTICIPIO

• presente
godente/**gaudente**

• passato
goduto

INCUTERE

INDICATIVO

	● presente	● imperfetto	● futuro	● passato remoto
io	incuto	incutevo	incuterò	incutei/**incussi**
tu	incuti	incutevi	incuterai	incutesti
lui	incute	incuteva	incuterà	incuté/**incusse**
noi	incutiamo	incutevamo	incuteremo	incutemmo
voi	incutete	incutevate	incuterete	incuteste
loro	incutono	incutevano	incuteranno	incuterono/**incussero**

	● passato prossimo	● trapassato prossimo	● futuro anteriore	● trapassato remoto
io	ho **incusso**	avevo **incusso**	avrò **incusso**	ebbi **incusso**
tu	hai **incusso**	avevi **incusso**	avrai **incusso**	avesti **incusso**
lui	ha **incusso**	aveva **incusso**	avrà **incusso**	ebbe **incusso**
noi	abbiamo **incusso**	avevamo **incusso**	avremo **incusso**	avemmo **incusso**
voi	avete **incusso**	avevate **incusso**	avrete **incusso**	aveste **incusso**
loro	hanno **incusso**	avevano **incusso**	avranno **incusso**	ebbero **incusso**

CONGIUNTIVO

NOTE A PAG. 118

	● presente	● imperfetto
io	incuta	incutessi
tu	incuta	incutessi
lui	incuta	incutesse
noi	incutiamo	incutessimo
voi	incutete	incuteste
loro	incutano	incutessero

	● passato	● trapassato
io	abbia **incusso**	avessi **incusso**
tu	abbia **incusso**	avessi **incusso**
lui	abbia **incusso**	avesse **incusso**
noi	abbiamo **incusso**	avessimo **incusso**
voi	abbiate **incusso**	aveste **incusso**
loro	abbiano **incusso**	avessero **incusso**

CONDIZIONALE

● semplice
- incuterei
- incuteresti
- incuterebbe
- incuteremmo
- incutereste
- incuterebbero

● composto
- avrei **incusso**
- avresti **incusso**
- avrebbe **incusso**
- avremmo **incusso**
- avreste **incusso**
- avrebbero **incusso**

IMPERATIVO

tu	incuti
lui	incuta
noi	incutiamo
voi	incutete
loro	incutano

GERUNDIO

● semplice
incutendo

● composto
avendo **incusso**

PARTICIPIO

● presente
incutente

● passato
incusso

INFERIRE

INDICATIVO

	• presente	• imperfetto	• futuro	• passato remoto
io	inferisco	inferivo	inferirò	inferii/**infersi**
tu	inferisci	inferivi	inferirai	inferisti
lui	inferisce	inferiva	inferirà	inferì/**inferse**
noi	inferiamo	inferivamo	inferiremo	inferimmo
voi	inferite	inferivate	inferirete	inferiste
loro	inferiscono	inferivano	inferiranno	inferirono/**infersero**

	• passato prossimo	• trapassato prossimo	• futuro anteriore	• trapassato remoto
io	ho **inferto**	avevo **inferto**	avrò **inferto**	ebbi **inferto**
tu	hai **inferto**	avevi **inferto**	avrai **inferto**	avesti **inferto**
lui	ha **inferto**	aveva **inferto**	avrà **inferto**	ebbe **inferto**
noi	abbiamo **inferto**	avevamo **inferto**	avremo **inferto**	avemmo **inferto**
voi	avete **inferto**	avevate **inferto**	avrete **inferto**	aveste **inferto**
loro	hanno **inferto**	avevano **inferto**	avranno **inferto**	ebbero **inferto**

CONGIUNTIVO

	• presente	• imperfetto
io	inferisca	inferissi
tu	inferisca	inferissi
lui	inferisca	inferisse
noi	inferiamo	inferissimo
voi	inferiate	inferiste
loro	inferiscano	inferissero

	• passato	• trapassato
io	abbia **inferto**	avessi **inferto**
tu	abbia **inferto**	avessi **inferto**
lui	abbia **inferto**	avesse **inferto**
noi	abbiamo **inferto**	avessimo **inferto**
voi	abbiate **inferto**	aveste **inferto**
loro	abbiano **inferto**	avessero **inferto**

CONDIZIONALE

	• semplice
io	inferirei
tu	inferiresti
lui	inferirebbe
noi	inferiremmo
voi	inferireste
loro	inferirebbero

	• composto
io	avrei **inferto**
tu	avresti **inferto**
lui	avrebbe **inferto**
noi	avremmo **inferto**
voi	avreste **inferto**
loro	avrebbero **inferto**

NOTE A PAG. 118

IMPERATIVO

tu	inferisci
lui	inferisca
noi	inferiamo
voi	inferite
loro	inferiscano

GERUNDIO

• semplice
inferendo

• composto
avendo **inferto**

PARTICIPIO

• presente
inferente

• passato
inferto

METTERE

INDICATIVO

	● presente	● imperfetto	● futuro	● passato remoto
io	metto	mettevo	metterò	**misi**
tu	metti	mettevi	metterai	mettesti
lui	mette	metteva	metterà	**mise**
noi	mettiamo	mettevamo	metteremo	mettemmo
voi	mettete	mettevate	metterete	metteste
loro	mettono	mettevano	metteranno	**misero**

	● passato prossimo	● trapassato prossimo	● futuro anteriore	● trapassato remoto
io	ho **messo**	avevo **messo**	avrò **messo**	ebbi **messo**
tu	hai **messo**	avevi **messo**	avrai **messo**	avesti **messo**
lui	ha **messo**	aveva **messo**	avrà **messo**	ebbe **messo**
noi	abbiamo **messo**	avevamo **messo**	avremo **messo**	avemmo **messo**
voi	avete **messo**	avevate **messo**	avrete **messo**	aveste **messo**
loro	hanno **messo**	avevano **messo**	avranno **messo**	ebbero **messo**

CONGIUNTIVO

	● presente	● imperfetto
io	metta	mettessi
tu	metta	mettessi
lui	metta	mettesse
noi	mettiamo	mettessimo
voi	mettiate	metteste
loro	mettano	mettessero

	● passato	● trapassato
io	abbia **messo**	avessi **messo**
tu	abbia **messo**	avessi **messo**
lui	abbia **messo**	avesse **messo**
noi	abbiamo **messo**	avessimo **messo**
voi	abbiate **messo**	aveste **messo**
loro	abbiano **messo**	avessero **messo**

CONDIZIONALE

● semplice
- metterei
- metteresti
- metterebbe
- metteremmo
- mettereste
- metterebbero

● composto
- avrei **messo**
- avresti **messo**
- avrebbe **messo**
- avremmo **messo**
- avreste **messo**
- avrebbero **messo**

NOTE A PAG. 118

IMPERATIVO

tu	metti
lui	metta
noi	mettiamo
voi	mettete
loro	mettano

GERUNDIO

● semplice
mettendo

● composto
avendo **messo**

PARTICIPIO

● presente
(mettente)

● passato
messo

MORIRE

INDICATIVO

	• presente	• imperfetto	• futuro	• passato remoto
io	**muoio**	morivo	morirò/**morrò**	morii
tu	**muori**	morivi	morirai/**morrai**	moristi
lui	**muore**	moriva	morirà/**morrà**	morì
noi	moriamo	morivamo	moriremo/**morremo**	morimmo
voi	morite	morivate	morirete/**morrete**	moriste
loro	**muoiono**	morivano	moriranno/**morranno**	morirono

	• passato prossimo	• trapassato prossimo	• futuro anteriore	• trapassato remoto
io	sono **morto**	ero **morto**	sarò **morto**	fui **morto**
tu	sei **morto**	eri **morto**	sarai **morto**	fosti **morto**
lui	è **morto**	era **morto**	sarà **morto**	fu **morto**
noi	siamo **morti**	eravamo **morti**	saremo **morti**	fummo **morti**
voi	siete **morti**	eravate **morti**	sarete **morti**	foste **morti**
loro	sono **morti**	erano **morti**	saranno **morti**	furono **morti**

CONGIUNTIVO

	• presente	• imperfetto
io	**muoia**	morissi
tu	**muoia**	morissi
lui	**muoia**	morisse
noi	moriamo	morissimo
voi	moriate	moriste
loro	**muoiano**	morissero

	• passato	• trapassato
io	sia **morto**	fossi **morto**
tu	sia **morto**	fossi **morto**
lui	sia **morto**	fosse **morto**
noi	siamo **morti**	fossimo **morti**
voi	siate **morti**	foste **morti**
loro	siano **morti**	fossero **morti**

CONDIZIONALE

	• semplice
io	morirei/**morrei**
tu	moriresti/**morresti**
lui	morirebbe/**morrebbe**
noi	moriremmo/**morremmo**
voi	morireste/**morreste**
loro	morirebbero/**morrebbero**

	• composto
io	sarei **morto**
tu	saresti **morto**
lui	sarebbe **morto**
noi	saremmo **morti**
voi	sareste **morti**
loro	sarebbero **morti**

IMPERATIVO

tu	**muori**
lui	**muoia**
noi	moriamo
voi	morite
loro	**muoiano**

GERUNDIO

• semplice
morendo

• composto
essendo **morto**

PARTICIPIO

• presente
morente

• passato
morto

MUOVERE

INDICATIVO

	● presente	● imperfetto	● futuro	● passato remoto
io	muovo	muovevo	muoverò	**mossi**
tu	muovi	muovevi	muoverai	muovesti
lui	muove	muoveva	muoverà	**mosse**
noi	muoviamo	muovevamo	muoveremo	muovemmo
voi	muovete	muovevate	muoverete	muoveste
loro	muovono	muovevano	muoveranno	**mossero**

	● passato prossimo	● trapassato prossimo	● futuro anteriore	● trapassato remoto
io	ho **mosso**	avevo **mosso**	avrò **mosso**	ebbi **mosso**
tu	hai **mosso**	avevi **mosso**	avrai **mosso**	avesti **mosso**
lui	ha **mosso**	aveva **mosso**	avrà **mosso**	ebbe **mosso**
noi	abbiamo **mosso**	avevamo **mosso**	avremo **mosso**	avemmo **mosso**
voi	avete **mosso**	avevate **mosso**	avrete **mosso**	aveste **mosso**
loro	hanno **mosso**	avevano **mosso**	avranno **mosso**	ebbero **mosso**

CONGIUNTIVO

	● presente	● imperfetto
io	muova	muovessi
tu	muova	muovessi
lui	muova	muovesse
noi	muoviamo	muovessimo
voi	muoviate	muoveste
loro	muovano	muovessero

	● passato	● trapassato
io	abbia **mosso**	avessi **mosso**
tu	abbia **mosso**	avessi **mosso**
lui	abbia **mosso**	avesse **mosso**
noi	abbiamo **mosso**	avessimo **mosso**
voi	abbiate **mosso**	aveste **mosso**
loro	abbiano **mosso**	avessero **mosso**

CONDIZIONALE

● semplice
- muoverei
- muoveresti
- muoverebbe
- muoveremmo
- muovereste
- muoverebbero

● composto
- avrei **mosso**
- avresti **mosso**
- avrebbe **mosso**
- avremmo **mosso**
- avreste **mosso**
- avrebbero **mosso**

NOTE A PAG. 119

IMPERATIVO

tu	muovi
lui	muova
noi	muoviamo
voi	muovete
loro	muovano

GERUNDIO

● semplice
muovendo

● composto
avendo **mosso**

PARTICIPIO

● presente
movente

● passato
mosso

NASCERE

INDICATIVO

	● presente	● imperfetto	● futuro	● passato remoto
io	nasco	nascevo	nascerò	**nacqui**
tu	nasci	nascevi	nascerai	nascesti
lui	nasce	nasceva	nascerà	**nacque**
noi	nasciamo	nascevamo	nasceremo	**nascemmo**
voi	nascete	nascevate	nascerete	nasceste
loro	nascono	nascevano	nasceranno	**nacquero**

	● passato prossimo	● trapassato prossimo	● futuro anteriore	● trapassato remoto
io	sono **nato**	ero **nato**	sarò **nato**	fui **nato**
tu	sei **nato**	eri **nato**	sarai **nato**	fosti **nato**
lui	è **nato**	era **nato**	sarà **nato**	fu **nato**
noi	siamo **nati**	eravamo **nati**	saremo **nati**	fummo **nati**
voi	siete **nati**	eravate **nati**	sarete **nati**	foste **nati**
loro	sono **nati**	erano **nati**	saranno **nati**	furono **nati**

CONGIUNTIVO

	● presente	● imperfetto
io	nasca	nascessi
tu	nasca	nascessi
lui	nasca	nascesse
noi	nasciamo	nascessimo
voi	nasciate	nasceste
loro	nascano	nascessero

	● passato	● trapassato
io	sia **nato**	fossi **nato**
tu	sia **nato**	fossi **nato**
lui	sia **nato**	fosse **nato**
noi	siamo **nati**	fossimo **nati**
voi	siate **nati**	foste **nati**
loro	siano **nati**	fossero **nati**

CONDIZIONALE

	● semplice
io	nascerei
tu	nasceresti
lui	nascerebbe
noi	nasceremmo
voi	nascereste
loro	nascerebbero

	● composto
io	sarei **nato**
tu	saresti **nato**
lui	sarebbe **nato**
noi	saremmo **nati**
voi	sareste **nati**
loro	sarebbero **nati**

IMPERATIVO

tu	nasci
lui	nasca
noi	nasciamo
voi	nascete
loro	nascano

GERUNDIO

● semplice
nascendo

● composto
essendo **nato**

PARTICIPIO

● presente
nascente

● passato
nato

NASCONDERE

INDICATIVO

	• presente	• imperfetto	• futuro	• passato remoto
io	nascondo	nascondevo	nasconderò	**nascosi**
tu	nascondi	nascondevi	nasconderai	nascondesti
lui	nasconde	nascondeva	nasconderà	**nascose**
noi	nascondiamo	nascondevamo	nasconderemo	nascondemmo
voi	nascondete	nascondevate	nasconderete	nascondeste
loro	nascondono	nascondevano	nasconderanno	**nascosero**

	• passato prossimo	• trapassato prossimo	• futuro anteriore	• trapassato remoto
io	ho **nascosto**	avevo **nascosto**	avrò **nascosto**	ebbi **nascosto**
tu	hai **nascosto**	avevi **nascosto**	avrai **nascosto**	avesti **nascosto**
lui	ha **nascosto**	aveva **nascosto**	avrà **nascosto**	ebbe **nascosto**
noi	abbiamo **nascosto**	avevamo **nascosto**	avremo **nascosto**	avemmo **nascosto**
voi	avete **nascosto**	avevate **nascosto**	avrete **nascosto**	aveste **nascosto**
loro	hanno **nascosto**	avevano **nascosto**	avranno **nascosto**	ebbero **nascosto**

CONGIUNTIVO

	• presente	• imperfetto
io	nasconda	nascondessi
tu	nasconda	nascondessi
lui	nasconda	nascondesse
noi	nascondiamo	nascondessimo
voi	nascondiate	nascondeste
loro	nascondano	nascondessero

	• passato	• trapassato
io	abbia **nascosto**	avessi **nascosto**
tu	abbia **nascosto**	avessi **nascosto**
lui	abbia **nascosto**	avesse **nascosto**
noi	abbiamo **nascosto**	avessimo **nascosto**
voi	abbiate **nascosto**	aveste **nascosto**
loro	abbiano **nascosto**	avessero **nascosto**

CONDIZIONALE

	• semplice
io	nasconderei
tu	nasconderesti
lui	nasconderebbe
noi	nasconderemmo
voi	nascondereste
loro	nasconderebbero

	• composto
io	avrei **nascosto**
tu	avresti **nascosto**
lui	avrebbe **nascosto**
noi	avremmo **nascosto**
voi	avreste **nascosto**
loro	avrebbero **nascosto**

NOTE A PAG. 119

IMPERATIVO

tu	nascondi
lui	nasconda
noi	nascondiamo
voi	nascondete
loro	nascondano

GERUNDIO

• semplice
nascondendo

• composto
avendo **nascosto**

PARTICIPIO

• presente
nascondente

• passato
nascosto

NUOCERE

INDICATIVO

	● presente	● imperfetto	● futuro	● passato remoto
io	**nuoccio**	nuocevo	nuocerò	**nocqui**
tu	nuoci	nuocevi	nuocerai	nuocesti
lui	nuoce	nuoceva	nuocerà	**nocque**
noi	nuociamo	nuocevamo	nuoceremo	nuocemmo
voi	nuocete	nuocevate	nuocerete	nuoceste
loro	**nuocciono**	nuocevano	nuoceranno	**nocquero**

	● passato prossimo	● trapassato prossimo	● futuro anteriore	● trapassato remoto
io	ho **nuociuto**	avevo **nuociuto**	avrò **nuociuto**	ebbi **nuociuto**
tu	hai **nuociuto**	avevi **nuociuto**	avrai **nuociuto**	avesti **nuociuto**
lui	ha **nuociuto**	aveva **nuociuto**	avrà **nuociuto**	ebbe **nuociuto**
noi	abbiamo **nuociuto**	avevamo **nuociuto**	avremo **nuociuto**	avemmo **nuociuto**
voi	avete **nuociuto**	avevate **nuociuto**	avrete **nuociuto**	aveste **nuociuto**
loro	hanno **nuociuto**	avevano **nuociuto**	avranno **nuociuto**	ebbero **nuociuto**

CONGIUNTIVO

	● presente	● imperfetto
io	**nuoccia**	nuocessi
tu	**nuoccia**	nuocessi
lui	**nuoccia**	nuocesse
noi	nuociamo	nuocessimo
voi	nuociate	nuoceste
loro	**nuocciano**	nuocessero

	● passato	● trapassato
io	abbia **nuociuto**	avessi **nuociuto**
tu	abbia **nuociuto**	avessi **nuociuto**
lui	abbia **nuociuto**	avesse **nuociuto**
noi	abbiamo **nuociuto**	avessimo **nuociuto**
voi	abbiate **nuociuto**	aveste **nuociuto**
loro	abbiano **nuociuto**	avessero **nuociuto**

CONDIZIONALE

	● semplice
io	nuocerei
tu	nuoceresti
lui	nuocerebbe
noi	nuoceremmo
voi	nuocereste
loro	nuocerebbero

	● composto
io	avrei **nuociuto**
tu	avresti **nuociuto**
lui	avrebbe **nuociuto**
noi	avremmo **nuociuto**
voi	avreste **nuociuto**
loro	avrebbero **nuociuto**

NOTE A PAG. 119

IMPERATIVO

tu	nuoci
lui	**nuoccia**
noi	nuociamo
voi	nuocete
loro	**nuocciano**

GERUNDIO

● semplice
nuocendo

● composto
avendo **nuociuto**

PARTICIPIO

● presente
nocente

● passato
nuociuto/nociuto

OFFRIRE

INDICATIVO

	● presente	● imperfetto	● futuro	● passato remoto
io	offro	offrivo	offrirò	offrii
tu	offri	offrivi	offrirai	offristi
lui	offre	offriva	offrirà	offrì
noi	offriamo	offrivamo	offriremo	offrimmo
voi	offrite	offrivate	offrirete	offriste
loro	offrono	offrivano	offriranno	offrirono

	● passato prossimo	● trapassato prossimo	● futuro anteriore	● trapassato remoto
io	ho offerto	avevo offerto	avrò offerto	ebbi offerto
tu	hai offerto	avevi offerto	avrai offerto	avesti offerto
lui	ha offerto	aveva offerto	avrà offerto	ebbe offerto
noi	abbiamo offerto	avevamo offerto	avremo offerto	avemmo offerto
voi	avete offerto	avevate offerto	avrete offerto	aveste offerto
loro	hanno offerto	avevano offerto	avranno offerto	ebbero offerto

CONGIUNTIVO

	● presente	● imperfetto
io	offra	offrissi
tu	offra	offrissi
lui	offra	offrisse
noi	offriamo	offrissimo
voi	offriate	offriste
loro	offrano	offrissero

	● passato	● trapassato
io	abbia offerto	avessi offerto
tu	abbia offerto	avessi offerto
lui	abbia offerto	avesse offerto
noi	abbiamo offerto	avessimo offerto
voi	abbiate offerto	aveste offerto
loro	abbiano offerto	avessero offerto

NOTE A PAG. 119

CONDIZIONALE

● semplice
offrirei
offriresti
offrirebbe
offriremmo
offrireste
offrirebbero

● composto
avrei offerto
avresti offerto
avrebbe offerto
avremmo offerto
avreste offerto
avrebbero offerto

IMPERATIVO

tu	offri
lui	offra
noi	offriamo
voi	offrite
loro	offrano

GERUNDIO

● semplice
offrendo

● composto
avendo offerto

PARTICIPIO

● presente
offerente

● passato
offerto

PARERE

INDICATIVO

	● presente	● imperfetto	● futuro	● passato remoto
io	**paio**	parevo	**parrò**	**parvi**
tu	pari	parevi	**parrai**	paresti
lui	pare	pareva	**parrà**	**parve**
noi	**paiámo**/pariamo	parevamo	**parremo**	paremmo
voi	parete	parevate	**parrete**	pareste
loro	**paiono**	parevano	**parranno**	**parvero**

	● passato prossimo	● trapassato prossimo	● futuro anteriore	● trapassato remoto
io	sono **parso**	ero **parso**	sarò **parso**	fui **parso**
tu	sei **parso**	eri **parso**	sarai **parso**	fosti **parso**
lui	è **parso**	era **parso**	sarà **parso**	fu **parso**
noi	siamo **parsi**	eravamo **parsi**	saremo **parsi**	fummo **parsi**
voi	siete **parsi**	eravate **parsi**	sarete **parsi**	foste **parsi**
loro	sono **parsi**	erano **parsi**	saranno **parsi**	furono **parsi**

CONGIUNTIVO

	● presente	● imperfetto
io	**paia**	paressi
tu	**paia**	paressi
lui	**paia**	paresse
noi	**paiamo**	paressimo
voi	**paiate**	pareste
loro	**paiano**	paressero

	● passato	● trapassato
io	sia **parso**	fossi **parso**
tu	sia **parso**	fossi **parso**
lui	sia **parso**	fosse **parso**
noi	siamo **parsi**	fossimo **parsi**
voi	siate **parsi**	foste **parsi**
loro	siano **parsi**	fossero **parsi**

CONDIZIONALE

	● semplice
io	**parrei**
tu	**parresti**
lui	**parrebbe**
noi	**parremmo**
voi	**parreste**
loro	**parrebbero**

	● composto
io	sarei **parso**
tu	saresti **parso**
lui	sarebbe **parso**
noi	saremmo **parsi**
voi	sareste **parsi**
loro	sarebbero **parsi**

IMPERATIVO

tu	*
lui	*
noi	*
voi	*
loro	*

GERUNDIO

● semplice
parendo

● composto
essendo **parso**

PARTICIPIO

● presente
(parvente)

● passato
parso

PERCUOTERE

INDICATIVO

	• presente	• imperfetto	• futuro	• passato remoto
io	percuoto	percuotevo	percuoterò	**percossi**
tu	percuoti	percuotevi	percuoterai	percuotesti
lui	percuote	percuoteva	percuoterà	**percosse**
noi	percuotiamo	percuotevamo	percuoteremo	percuotemmo
voi	percuotete	percuotevate	percuoterete	percuoteste
loro	percuotono	percuotevano	percuoteranno	**percossero**

	• passato prossimo	• trapassato prossimo	• futuro anteriore	• trapassato remoto
io	ho **percosso**	avevo **percosso**	avrò **percosso**	ebbi **percosso**
tu	hai **percosso**	avevi **percosso**	avrai **percosso**	avesti **percosso**
lui	ha **percosso**	aveva **percosso**	avrà **percosso**	ebbe **percosso**
noi	abbiamo **percosso**	avevamo **percosso**	avremo **percosso**	avemmo **percosso**
voi	avete **percosso**	avevate **percosso**	avrete **percosso**	aveste **percosso**
loro	hanno **percosso**	avevano **percosso**	avranno **percosso**	ebbero **percosso**

CONGIUNTIVO

	• presente	• imperfetto
io	percuota	percuotessi
tu	percuota	percuotessi
lui	percuota	percuotesse
noi	percuotiamo	percuotessimo
voi	percuotiate	percuoteste
loro	percuotano	percuotessero

NOTE A PAG. 119

	• passato	• trapassato
io	abbia **percosso**	avessi **percosso**
tu	abbia **percosso**	avessi **percosso**
lui	abbia **percosso**	avesse **percosso**
noi	abbiamo **percosso**	avessimo **percosso**
voi	abbiate **percosso**	aveste **percosso**
loro	abbiano **percosso**	avessero **percosso**

CONDIZIONALE

• semplice

percuoterei
percuoteresti
percuoterebbe
percuoteremmo
percuotereste
percuoterebbero

• composto

avrei **percosso**
avresti **percosso**
avrebbe **percosso**
avremmo **percosso**
avreste **percosso**
avrebbero **percosso**

IMPERATIVO

tu	percuoti
lui	percuota
noi	percuotiamo
voi	percuotete
loro	percuotano

GERUNDIO

• semplice
percuotendo

• composto
avendo **percosso**

PARTICIPIO

• presente
percuotente

• passato
percosso

PERMANERE

INDICATIVO

	● presente	● imperfetto	● futuro	● passato remoto
io	**permango**	permanevo	**permarrò**	**permasi**
tu	permani	permanevi	**permarrai**	permanesti
lui	permane	permaneva	**permarrà**	**permase**
noi	permaniamo	permanevamo	**permarremo**	permanemmo
voi	permanete	permanevate	**permarrete**	permaneste
loro	**permangono**	permanevano	**permarranno**	**permasero**

	● passato prossimo	● trapassato prossimo	● futuro anteriore	● trapassato remoto
io	*	*	*	*
tu	*	*	*	*
lui	*	*	*	*
noi	*	*	*	*
voi	*	*	*	*
loro	*	*	*	*

CONGIUNTIVO

	● presente	● imperfetto
io	**permanga**	permanessi
tu	**permanga**	permanessi
lui	**permanga**	permanesse
noi	permaniamo	permanessimo
voi	permaniate	permaneste
loro	**permangano**	permanessero

	● passato	● trapassato
io	*	*
tu	*	*
lui	*	*
noi	*	*
voi	*	*
loro	*	*

CONDIZIONALE

	● semplice
io	**permarrei**
tu	**permarresti**
lui	**permarrebbe**
noi	**permarremmo**
voi	**permarreste**
loro	**permarrebbero**

	● composto
io	*
tu	*
lui	*
noi	*
voi	*
loro	*

NOTE A PAG. 119

IMPERATIVO

tu	permani
lui	**permanga**
noi	permaniamo
voi	permanete
loro	**permangano**

GERUNDIO

● semplice
permanendo

● composto
*

PARTICIPIO

● presente
permanente

● passato
*

ALMA Edizioni | Verbissimo

PIACERE

INDICATIVO

	● presente	● imperfetto	● futuro	● passato remoto
io	**piaccio**	piacevo	piacerò	**piacqui**
tu	piaci	piacevi	piacerai	piacesti
lui	piace	piaceva	piacerà	**piacque**
noi	**piacciamo**	piacevamo	piaceremo	piacemmo
voi	piacete	piacevate	piacerete	piaceste
loro	**piacciono**	piacevano	piaceranno	**piacquero**

	● passato prossimo	● trapassato prossimo	● futuro anteriore	● trapassato remoto
io	sono **piaciuto**	ero **piaciuto**	sarò **piaciuto**	fui **piaciuto**
tu	sei **piaciuto**	eri **piaciuto**	sarai **piaciuto**	fosti **piaciuto**
lui	è **piaciuto**	era **piaciuto**	sarà **piaciuto**	fu **piaciuto**
noi	siamo **piaciuti**	eravamo **piaciuti**	saremo **piaciuti**	fummo **piaciuti**
voi	siete **piaciuti**	eravate **piaciuti**	sarete **piaciuti**	foste **piaciuti**
loro	sono **piaciuti**	erano **piaciuti**	saranno **piaciuti**	furono **piaciuti**

CONGIUNTIVO

	● presente	● imperfetto
io	**piaccia**	piacessi
tu	**piaccia**	piacessi
lui	**piaccia**	piacesse
noi	**piacciamo**	piacessimo
voi	**piacciate**	piaceste
loro	**piacciano**	piacessero

	● passato	● trapassato
io	sia **piaciuto**	fossi **piaciuto**
tu	sia **piaciuto**	fossi **piaciuto**
lui	sia **piaciuto**	fosse **piaciuto**
noi	siamo **piaciuti**	fossimo **piaciuti**
voi	siate **piaciuti**	foste **piaciuti**
loro	siano **piaciuti**	fossero **piaciuti**

CONDIZIONALE

● semplice

piacerei
piaceresti
piacerebbe
piaceremmo
piacereste
piacerebbero

● composto

sarei **piaciuto**
saresti **piaciuto**
sarebbe **piaciuto**
saremmo **piaciuti**
sareste **piaciuti**
sarebbero **piaciuti**

NOTE A PAG. 119

IMPERATIVO

tu	piaci
lui	**piaccia**
noi	**piacciamo**
voi	piacete
loro	**piacciano**

GERUNDIO

● semplice
piacendo

● composto
essendo **piaciuto**

PARTICIPIO

● presente
piacente

● passato
piaciuto

PIOVERE

INDICATIVO

	● presente	● imperfetto	● futuro	● passato remoto
io	piovo	piovevo	pioverò	**piovvi**
tu	piovi	piovevi	pioverai	piovesti
lui	piove	pioveva	pioverà	**piovve**
noi	pioviamo	piovevamo	pioveremo	piovemmo
voi	piovete	piovevate	pioverete	pioveste
loro	piovono	piovevano	pioveranno	**piovvero**

	● passato prossimo	● trapassato prossimo	● futuro anteriore	● trapassato remoto
io	sono piovuto	ero piovuto	sarò piovuto	fui piovuto
tu	sei piovuto	eri piovuto	sarai piovuto	fosti piovuto
lui	è piovuto	era piovuto	sarà piovuto	fu piovuto
noi	siamo piovuti	eravamo piovuti	saremo piovuti	fummo piovuti
voi	siete piovuti	eravate piovuti	sarete piovuti	foste piovuti
loro	sono piovuti	erano piovuti	saranno piovuti	furono piovuti

CONGIUNTIVO

	● presente	● imperfetto
io	piova	piovessi
tu	piova	piovessi
lui	piova	piovesse
noi	pioviamo	piovessimo
voi	pioviate	pioveste
loro	piovano	piovessero

	● passato	● trapassato
io	sia piovuto	fossi piovuto
tu	sia piovuto	fossi piovuto
lui	sia piovuto	fosse piovuto
noi	siamo piovuti	fossimo piovuti
voi	siate piovuti	foste piovuti
loro	siano piovuti	fossero piovuti

CONDIZIONALE

	● semplice
io	pioverei
tu	pioveresti
lui	pioverebbe
noi	pioveremmo
voi	piovereste
loro	pioverebbero

	● composto
io	sarei piovuto
tu	saresti piovuto
lui	sarebbe piovuto
noi	saremmo piovuti
voi	sareste piovuti
loro	sarebbero piovuti

NOTE A PAG. 119

IMPERATIVO

tu	*
lui	*
noi	*
voi	*
loro	*

GERUNDIO

● semplice
piovendo

● composto
essendo piovuto

PARTICIPIO

● presente
piovente

● passato
piovuto

PORRE

INDICATIVO

	● presente	● imperfetto	● futuro	● passato remoto
io	pongo	ponevo	porrò	posi
tu	poni	ponevi	porrai	ponesti
lui	pone	poneva	porrà	pose
noi	poniamo	ponevamo	porremo	ponemmo
voi	ponete	ponevate	porrete	poneste
loro	pongono	ponevano	porranno	posero

	● passato prossimo	● trapassato prossimo	● futuro anteriore	● trapassato remoto
io	ho posto	avevo posto	avrò posto	ebbi posto
tu	hai posto	avevi posto	avrai posto	avesti posto
lui	ha posto	aveva posto	avrà posto	ebbe posto
noi	abbiamo posto	avevamo posto	avremo posto	avemmo posto
voi	avete posto	avevate posto	avrete posto	aveste posto
loro	hanno posto	avevano posto	avranno posto	ebbero posto

CONGIUNTIVO

	● presente	● imperfetto
io	ponga	ponessi
tu	ponga	ponessi
lui	ponga	ponesse
noi	poniamo	ponessimo
voi	poniate	poneste
loro	pongano	ponessero

	● passato	● trapassato
io	abbia posto	avessi posto
tu	abbia posto	avessi posto
lui	abbia posto	avesse posto
noi	abbiamo posto	avessimo posto
voi	abbiate posto	aveste posto
loro	abbiano posto	avessero posto

CONDIZIONALE

● semplice
- porrei
- porresti
- porrebbe
- porremmo
- porreste
- porrebbero

● composto
- avrei posto
- avresti posto
- avrebbe posto
- avremmo posto
- avreste posto
- avrebbero posto

NOTE A PAG. 119

IMPERATIVO

tu	poni
lui	ponga
noi	poniamo
voi	ponete
loro	pongano

GERUNDIO

● semplice
ponendo

● composto
avendo posto

PARTICIPIO

● presente
ponente

● passato
posto

POTERE

INDICATIVO

	● presente	● imperfetto	● futuro	● passato remoto
io	**posso**	potevo	**potrò**	**potei**
tu	**puoi**	potevi	**potrai**	potesti
lui	**può**	poteva	**potrà**	**poté**
noi	**possiamo**	potevamo	**potremo**	potemmo
voi	potete	potevate	**potrete**	poteste
loro	**possono**	potevano	**potranno**	**poterono**

	● passato prossimo	● trapassato prossimo	● futuro anteriore	● trapassato remoto
io	ho potuto	avevo potuto	avrò potuto	ebbi potuto
tu	hai potuto	avevi potuto	avrai potuto	avesti potuto
lui	ha potuto	aveva potuto	avrà potuto	ebbe potuto
noi	abbiamo potuto	avevamo potuto	avremo potuto	avemmo potuto
voi	avete potuto	avevate potuto	avrete potuto	aveste potuto
loro	hanno potuto	avevano potuto	avranno potuto	ebbero potuto

CONGIUNTIVO

	● presente	● imperfetto
io	**possa**	potessi
tu	**possa**	potessi
lui	**possa**	potesse
noi	**possiamo**	potessimo
voi	**possiate**	poteste
loro	**possano**	potessero

	● passato	● trapassato
io	abbia potuto	avessi potuto
tu	abbia potuto	avessi potuto
lui	abbia potuto	avesse potuto
noi	abbiamo potuto	avessimo potuto
voi	abbiate potuto	aveste potuto
loro	abbiano potuto	avessero potuto

CONDIZIONALE

	● semplice
io	**potrei**
tu	**potresti**
lui	**potrebbe**
noi	**potremmo**
voi	**potreste**
loro	**potrebbero**

	● composto
io	avrei potuto
tu	avresti potuto
lui	avrebbe potuto
noi	avremmo potuto
voi	avreste potuto
loro	avrebbero potuto

NOTE A PAG. 119

IMPERATIVO

tu	(possa)
lui	(possa)
noi	(possiamo)
voi	(possiate)
loro	(possano)

GERUNDIO

● semplice
potendo

● composto
avendo potuto

PARTICIPIO

● presente
potente

● passato
potuto

PRESIEDERE

INDICATIVO

	• presente	• imperfetto	• futuro	• passato remoto
io	presiedo	presiedevo	presiederò	presiedei/presiedetti
tu	presiedi	presiedevi	presiederai	presiedesti
lui	presiede	presiedeva	presiederà	presiedé/presiedette
noi	presiediamo	presiedevamo	presiederemo	presiedemmo
voi	presiedete	presiedevate	presiederete	presiedeste
loro	presiedono	presiedevano	presiederanno	presiederono/presiedettero

	• passato prossimo	• trapassato prossimo	• futuro anteriore	• trapassato remoto
io	ho presieduto	avevo presieduto	avrò presieduto	ebbi presieduto
tu	hai presieduto	avevi presieduto	avrai presieduto	avesti presieduto
lui	ha presieduto	aveva presieduto	avrà presieduto	ebbe presieduto
noi	abbiamo presieduto	avevamo presieduto	avremo presieduto	avemmo presieduto
voi	avete presieduto	avevate presieduto	avrete presieduto	aveste presieduto
loro	hanno presieduto	avevano presieduto	avranno presieduto	ebbero presieduto

CONGIUNTIVO

	• presente	• imperfetto
io	presieda	presiedessi
tu	presieda	presiedessi
lui	presieda	presiedesse
noi	presiediamo	presiedessimo
voi	presiediate	presiedeste
loro	presiedano	presiedessero

	• passato	• trapassato
io	abbia presieduto	avessi presieduto
tu	abbia presieduto	avessi presieduto
lui	abbia presieduto	avesse presieduto
noi	abbiamo presieduto	avessimo presieduto
voi	abbiate presieduto	aveste presieduto
loro	abbiano presieduto	avessero presieduto

CONDIZIONALE

	• semplice
io	presiederei
tu	presiederesti
lui	presiederebbe
noi	presiederemmo
voi	presiedereste
loro	presiederebbero

	• composto
io	avrei presieduto
tu	avresti presieduto
lui	avrebbe presieduto
noi	avremmo presieduto
voi	avreste presieduto
loro	avrebbero presieduto

IMPERATIVO

tu	presiedi
lui	presieda
noi	presiediamo
voi	presiedete
loro	presiedano

GERUNDIO

• semplice
presiedendo

• composto
avendo presieduto

PARTICIPIO

• presente
presidente

• passato
presieduto

REDIMERE

INDICATIVO

	• presente	• imperfetto	• futuro	• passato remoto
io	redimo	redimevo	redimerò	**redensi**
tu	redimi	redimevi	redimerai	redimesti
lui	redime	redimeva	redimerà	**redense**
noi	redimiamo	redimevamo	redimeremo	redimemmo
voi	redimete	redimevate	redimerete	redimeste
loro	redimono	redimevano	redimeranno	**redensero**

	• passato prossimo	• trapassato prossimo	• futuro anteriore	• trapassato remoto
io	ho **redento**	avevo **redento**	avrò **redento**	ebbi **redento**
tu	hai **redento**	avevi **redento**	avrai **redento**	avesti **redento**
lui	ha **redento**	aveva **redento**	avrà **redento**	ebbe **redento**
noi	abbiamo **redento**	avevamo **redento**	avremo **redento**	avemmo **redento**
voi	avete **redento**	avevate **redento**	avrete **redento**	aveste **redento**
loro	hanno **redento**	avevano **redento**	avranno **redento**	ebbero **redento**

CONGIUNTIVO

	• presente	• imperfetto
io	redima	redimessi
tu	redima	redimessi
lui	redima	redimesse
noi	redimiamo	redimessimo
voi	redimiate	redimeste
loro	redimano	redimessero

	• passato	• trapassato
io	abbia **redento**	avessi **redento**
tu	abbia **redento**	avessi **redento**
lui	abbia **redento**	avesse **redento**
noi	abbiamo **redento**	avessimo **redento**
voi	abbiate **redento**	aveste **redento**
loro	abbiano **redento**	avessero **redento**

CONDIZIONALE

	• semplice
io	redimerei
tu	redimeresti
lui	redimerebbe
noi	redimeremmo
voi	redimereste
loro	redimerebbero

	• composto
io	avrei **redento**
tu	avresti **redento**
lui	avrebbe **redento**
noi	avremmo **redento**
voi	avreste **redento**
loro	avrebbero **redento**

IMPERATIVO

tu	redimi
lui	redima
noi	redimiamo
voi	redimete
loro	redimano

GERUNDIO

• semplice
redimendo

• composto
avendo **redento**

PARTICIPIO

• presente
(redimente)

• passato
redento

REPELLERE

INDICATIVO

	● presente	● imperfetto	● futuro	● passato remoto
io	repello	repellevo	repellerò	**repulsi**
tu	repelli	repellevi	repellerai	repellesti
lui	repelle	repelleva	repellerà	**repulse**
noi	repelliamo	repellevamo	repelleremo	repellemmo
voi	repellete	repellevate	repellerete	repelleste
loro	repellono	repellevano	repelleranno	**repulsero**

	● passato prossimo	● trapassato prossimo	● futuro anteriore	● trapassato remoto
io	ho **repulso**	avevo **repulso**	avrò **repulso**	ebbi **repulso**
tu	hai **repulso**	avevi **repulso**	avrai **repulso**	avesti **repulso**
lui	ha **repulso**	aveva **repulso**	avrà **repulso**	ebbe **repulso**
noi	abbiamo **repulso**	avevamo **repulso**	avremo **repulso**	avemmo **repulso**
voi	avete **repulso**	avevate **repulso**	avrete **repulso**	aveste **repulso**
loro	hanno **repulso**	avevano **repulso**	avranno **repulso**	ebbero **repulso**

CONGIUNTIVO

	● presente	● imperfetto
io	repella	repellessi
tu	repella	repellessi
lui	repella	repellesse
noi	repelliamo	repellessimo
voi	repelliate	repelleste
loro	repellano	repellessero

	● passato	● trapassato
io	abbia **repulso**	avessi **repulso**
tu	abbia **repulso**	avessi **repulso**
lui	abbia **repulso**	avesse **repulso**
noi	abbiamo **repulso**	avessimo **repulso**
voi	abbiate **repulso**	aveste **repulso**
loro	abbiano **repulso**	avessero **repulso**

CONDIZIONALE

● semplice
- repellerei
- repelleresti
- repellerebbe
- repelleremmo
- repellereste
- repellerebbero

● composto
- avrei **repulso**
- avresti **repulso**
- avrebbe **repulso**
- avremmo **repulso**
- avreste **repulso**
- avrebbero **repulso**

IMPERATIVO

tu	repelli
lui	repella
noi	repelliamo
voi	repellete
loro	repellano

GERUNDIO

● semplice
repellendo

● composto
avendo **repulso**

PARTICIPIO

● presente
repellente

● passato
repulso

RETROCEDERE

INDICATIVO

	● presente	● imperfetto	● futuro	● passato remoto
io	retrocedo	retrocedevo	retrocederò	**retrocessi/retrocedei**
tu	retrocedi	retrocedevi	retrocederai	retrocedesti
lui	retrocede	retrocedeva	retrocederà	**retrocesse/retrocedé**
noi	retrocediamo	retrocedevamo	retrocederemo	retrocedemmo
voi	retrocedete	retrocedevate	retrocederete	retrocedeste
loro	retrocedono	retrocedevano	retrocederanno	**retrocessero**/retrocederono

	● passato prossimo	● trapassato prossimo	● futuro anteriore	● trapassato remoto
io	ho **retrocesso**	avevo **retrocesso**	avrò **retrocesso**	ebbi **retrocesso**
tu	hai **retrocesso**	avevi **retrocesso**	avrai **retrocesso**	avesti **retrocesso**
lui	ha **retrocesso**	aveva **retrocesso**	avrà **retrocesso**	ebbe **retrocesso**
noi	abbiamo **retrocesso**	avevamo **retrocesso**	avremo **retrocesso**	avemmo **retrocesso**
voi	avete **retrocesso**	avevate **retrocesso**	avrete **retrocesso**	aveste **retrocesso**
loro	hanno **retrocesso**	avevano **retrocesso**	avranno **retrocesso**	ebbero **retrocesso**

CONGIUNTIVO

	● presente	● imperfetto
io	retroceda	retrocedessi
tu	retroceda	retrocedessi
lui	retroceda	retrocedesse
noi	retrocediamo	retrocedessimo
voi	retrocediate	retrocedeste
loro	retrocedano	retrocedessero

	● passato	● trapassato
io	abbia **retrocesso**	avessi **retrocesso**
tu	abbia **retrocesso**	avessi **retrocesso**
lui	abbia **retrocesso**	avesse **retrocesso**
noi	abbiamo **retrocesso**	avessimo **retrocesso**
voi	abbiate **retrocesso**	aveste **retrocesso**
loro	abbiano **retrocesso**	avessero **retrocesso**

CONDIZIONALE

	● semplice
io	retrocederei
tu	retrocederesti
lui	retrocederebbe
noi	retrocederemmo
voi	retrocedereste
loro	retrocederebbero

	● composto
io	avrei **retrocesso**
tu	avresti **retrocesso**
lui	avrebbe **retrocesso**
noi	avremmo **retrocesso**
voi	avreste **retrocesso**
loro	avrebbero **retrocesso**

NOTE A PAG. 119

IMPERATIVO

tu	retrocedi
lui	retroceda
noi	retrocediamo
voi	retrocedete
loro	retrocedano

GERUNDIO

● semplice
retrocedendo

● composto
avendo retrocesso

PARTICIPIO

● presente
retrocedente

● passato
retrocesso

RIEMPIRE

INDICATIVO

	• presente	• imperfetto	• futuro	• passato remoto
io	**riempio**	riempivo	riempirò	riempii
tu	riempi	riempivi	riempirai	riempisti
lui	**riempie**	riempiva	riempirà	riempì
noi	riempiamo	riempivamo	riempiremo	riempimmo
voi	riempite	riempivate	riempirete	riempiste
loro	**riempiono**	riempivano	riempiranno	riempirono

	• passato prossimo	• trapassato prossimo	• futuro anteriore	• trapassato remoto
io	ho riempito	avevo riempito	avrò riempito	ebbi riempito
tu	hai riempito	avevi riempito	avrai riempito	avesti riempito
lui	ha riempito	aveva riempito	avrà riempito	ebbe riempito
noi	abbiamo riempito	avevamo riempito	avremo riempito	avemmo riempito
voi	avete riempito	avevate riempito	avrete riempito	aveste riempito
loro	hanno riempito	avevano riempito	avranno riempito	ebbero riempito

CONGIUNTIVO

	• presente	• imperfetto
io	**riempia**	riempissi
tu	**riempia**	riempissi
lui	**riempia**	riempisse
noi	**riempiamo**	riempissimo
voi	**riempiate**	riempiste
loro	**riempiano**	riempissero

	• passato	• trapassato
io	abbia riempito	avessi riempito
tu	abbia riempito	avessi riempito
lui	abbia riempito	avesse riempito
noi	abbiamo riempito	avessimo riempito
voi	abbiate riempito	aveste riempito
loro	abbiano riempito	avessero riempito

CONDIZIONALE

	• semplice
io	riempirei
tu	riempiresti
lui	riempirebbe
noi	riempiremmo
voi	riempireste
loro	riempirebbero

	• composto
io	avrei riempito
tu	avresti riempito
lui	avrebbe riempito
noi	avremmo riempito
voi	avreste riempito
loro	avrebbero riempito

IMPERATIVO

tu	riempi
lui	**riempia**
noi	riempiamo
voi	riempite
loro	riempiano

GERUNDIO

• semplice
riempiendo

• composto
avendo riempito

PARTICIPIO

• presente
riempiente

• passato
riempito

RIFLETTERE

INDICATIVO

	• presente	• imperfetto	• futuro	• passato remoto
io	rifletto	riflettevo	rifletterò	**riflessi**
tu	rifletti	riflettevi	rifletterai	riflettesti
lui	riflette	rifletteva	rifletterà	**riflesse**
noi	riflettiamo	riflettevamo	rifletteremo	riflettemmo
voi	riflettete	riflettevate	rifletterete	rifletteste
loro	riflettono	riflettevano	rifletteranno	rifletterono

	• passato prossimo	• trapassato prossimo	• futuro anteriore	• trapassato remoto
io	ho **riflesso**	avevo **riflesso**	avrò **riflesso**	ebbi **riflesso**
tu	hai **riflesso**	avevi **riflesso**	avrai **riflesso**	avesti **riflesso**
lui	ha **riflesso**	aveva **riflesso**	avrà **riflesso**	ebbe **riflesso**
noi	abbiamo **riflesso**	avevamo **riflesso**	avremo **riflesso**	avemmo **riflesso**
voi	avete **riflesso**	avevate **riflesso**	avrete **riflesso**	aveste **riflesso**
loro	hanno **riflesso**	avevano **riflesso**	avranno **riflesso**	ebbero **riflesso**

CONGIUNTIVO

	• presente	• imperfetto
io	rifletta	riflettessi
tu	rifletta	riflettessi
lui	rifletta	riflettesse
noi	riflettiamo	riflettessimo
voi	riflettiate	rifletteste
loro	riflettano	riflettessero

	• passato	• trapassato
io	abbia **riflesso**	avessi **riflesso**
tu	abbia **riflesso**	avessi **riflesso**
lui	abbia **riflesso**	avesse **riflesso**
noi	abbiamo **riflesso**	avessimo **riflesso**
voi	abbiate **riflesso**	aveste **riflesso**
loro	abbiano **riflesso**	avessero **riflesso**

CONDIZIONALE

	• semplice
io	rifletterei
tu	rifletteresti
lui	rifletterebbe
noi	rifletteremmo
voi	riflettereste
loro	rifletterebbero

	• composto
io	avrei **riflesso**
tu	avresti **riflesso**
lui	avrebbe **riflesso**
noi	avremmo **riflesso**
voi	avreste **riflesso**
loro	avrebbero **riflesso**

NOTE A PAG. 119

IMPERATIVO

tu	rifletti
lui	rifletta
noi	riflettiamo
voi	riflettete
loro	riflettano

GERUNDIO

• semplice
riflettendo

• composto
avendo **riflesso**

PARTICIPIO

• presente
riflettente

• passato
riflesso

RIFRANGERE

INDICATIVO

	• presente	• imperfetto	• futuro	• passato remoto
io	rifrango	rifrangevo	rifrangerò	**rifransi**
tu	rifrangi	rifrangevi	rifrangerai	rifrangesti
lui	rifrange	rifrangeva	rifrangerà	**rifranse**
noi	rifrangiamo	rifrangevamo	rifrangeremo	rifrangemmo
voi	rifrangete	rifrangevate	rifrangerete	rifrangeste
loro	rifrangono	rifrangevano	rifrangeranno	**rifransero**

	• passato prossimo	• trapassato prossimo	• futuro anteriore	• trapassato remoto
io	ho **rifranto**	avevo **rifranto**	avrò **rifranto**	ebbi **rifranto**
tu	hai **rifranto**	avevi **rifranto**	avrai **rifranto**	avesti **rifranto**
lui	ha **rifranto**	aveva **rifranto**	avrà **rifranto**	ebbe **rifranto**
noi	abbiamo **rifranto**	avevamo **rifranto**	avremo **rifranto**	avemmo **rifranto**
voi	avete **rifranto**	avevate **rifranto**	avrete **rifranto**	aveste **rifranto**
loro	hanno **rifranto**	avevano **rifranto**	avranno **rifranto**	ebbero **rifranto**

CONGIUNTIVO

	• presente	• imperfetto
io	rifranga	rifrangessi
tu	rifranga	rifrangessi
lui	rifranga	rifrangesse
noi	rifrangiamo	rifrangessimo
voi	rifrangiate	rifrangeste
loro	rifrangano	rifrangessero

	• passato	• trapassato
io	abbia **rifranto**	avessi **rifranto**
tu	abbia **rifranto**	avessi **rifranto**
lui	abbia **rifranto**	avesse **rifranto**
noi	abbiamo **rifranto**	avessimo **rifranto**
voi	abbiate **rifranto**	aveste **rifranto**
loro	abbiano **rifranto**	avessero **rifranto**

NOTE A PAG. 120

CONDIZIONALE

	• semplice
io	rifrangerei
tu	rifrangeresti
lui	rifrangerebbe
noi	rifrangeremmo
voi	rifrangereste
loro	rifrangerebbero

	• composto
io	avrei **rifranto**
tu	avresti **rifranto**
lui	avrebbe **rifranto**
noi	avremmo **rifranto**
voi	avreste **rifranto**
loro	avrebbero **rifranto**

IMPERATIVO

tu	rifrangi
lui	rifranga
noi	rifrangiamo
voi	rifrangete
loro	rifrangano

GERUNDIO

• semplice
rifrangendo

• composto
avendo **rifranto**

PARTICIPIO

• presente
rifrangente

• passato
rifranto

RIMANERE

INDICATIVO

	● presente	● imperfetto	● futuro	● passato remoto
io	**rimango**	rimanevo	**rimarrò**	**rimasi**
tu	rimani	rimanevi	**rimarrai**	rimanesti
lui	rimane	rimaneva	**rimarrà**	**rimase**
noi	rimaniamo	rimanevamo	**rimarremo**	rimanemmo
voi	rimanete	rimanevate	**rimarrete**	rimaneste
loro	**rimangono**	rimanevano	**rimarranno**	**rimasero**

	● passato prossimo	● trapassato prossimo	● futuro anteriore	● trapassato remoto
io	sono **rimasto**	ero **rimasto**	sarò **rimasto**	fui **rimasto**
tu	sei **rimasto**	eri **rimasto**	sarai **rimasto**	fosti **rimasto**
lui	è **rimasto**	era **rimasto**	sarà **rimasto**	fu **rimasto**
noi	siamo **rimasti**	eravamo **rimasti**	saremo **rimasti**	fummo **rimasti**
voi	siete **rimasti**	eravate **rimasti**	sarete **rimasti**	foste **rimasti**
loro	sono **rimasti**	erano **rimasti**	saranno **rimasti**	furono **rimasti**

CONGIUNTIVO

	● presente	● imperfetto
io	**rimanga**	rimanessi
tu	**rimanga**	rimanessi
lui	**rimanga**	rimanesse
noi	rimaniamo	rimanessimo
voi	rimaniate	rimaneste
loro	rimangano	rimanessero

	● passato	● trapassato
io	sia **rimasto**	fossi **rimasto**
tu	sia **rimasto**	fossi **rimasto**
lui	sia **rimasto**	fosse **rimasto**
noi	siamo **rimasti**	fossimo **rimasti**
voi	siate **rimasti**	foste **rimasti**
loro	siano **rimasti**	fossero **rimasti**

CONDIZIONALE

	● semplice
io	**rimarrei**
tu	**rimarresti**
lui	**rimarrebbe**
noi	**rimarremmo**
voi	**rimarreste**
loro	**rimarrebbero**

	● composto
io	sarei **rimasto**
tu	saresti **rimasto**
lui	sarebbe **rimasto**
noi	saremmo **rimasti**
voi	sareste **rimasti**
loro	sarebbero **rimasti**

IMPERATIVO

tu	rimani
lui	**rimanga**
noi	rimaniamo
voi	rimanete
loro	**rimangano**

GERUNDIO

● semplice
rimanendo

● composto
essendo **rimasto**

PARTICIPIO

● presente
rimanente

● passato
rimasto

RISPONDERE

INDICATIVO

	● presente	● imperfetto	● futuro	● passato remoto
io	rispondo	rispondevo	risponderò	**risposi**
tu	rispondi	rispondevi	risponderai	rispondesti
lui	risponde	rispondeva	risponderà	**rispose**
noi	rispondiamo	rispondevamo	risponderemo	rispondemmo
voi	rispondete	rispondevate	risponderete	rispondeste
loro	rispondono	rispondevano	risponderanno	**risposero**

	● passato prossimo	● trapassato prossimo	● futuro anteriore	● trapassato remoto
io	ho **risposto**	avevo **risposto**	avrò **risposto**	ebbi **risposto**
tu	hai **risposto**	avevi **risposto**	avrai **risposto**	avesti **risposto**
lui	ha **risposto**	aveva **risposto**	avrà **risposto**	ebbe **risposto**
noi	abbiamo **risposto**	avevamo **risposto**	avremo **risposto**	avemmo **risposto**
voi	avete **risposto**	avevate **risposto**	avrete **risposto**	aveste **risposto**
loro	hanno **risposto**	avevano **risposto**	avranno **risposto**	ebbero **risposto**

CONGIUNTIVO

	● presente	● imperfetto
io	risponda	rispondessi
tu	risponda	rispondessi
lui	risponda	rispondesse
noi	rispondiamo	rispondessimo
voi	rispondiate	rispondeste
loro	rispondano	rispondessero

NOTE A PAG. 120

	● passato	● trapassato
io	abbia **risposto**	avessi **risposto**
tu	abbia **risposto**	avessi **risposto**
lui	abbia **risposto**	avesse **risposto**
noi	abbiamo **risposto**	avessimo **risposto**
voi	abbiate **risposto**	aveste **risposto**
loro	abbiano **risposto**	avessero **risposto**

CONDIZIONALE

	● semplice
io	risponderei
tu	risponderesti
lui	risponderebbe
noi	risponderemmo
voi	rispondereste
loro	risponderebbero

	● composto
io	avrei **risposto**
tu	avresti **risposto**
lui	avrebbe **risposto**
noi	avremmo **risposto**
voi	avreste **risposto**
loro	avrebbero **risposto**

IMPERATIVO

tu	rispondi
lui	risponda
noi	rispondiamo
voi	rispondete
loro	rispondano

GERUNDIO

● semplice
rispondendo

● composto
avendo **risposto**

PARTICIPIO

● presente
rispondente

● passato
risposto

ROMPERE

INDICATIVO

	• presente	• imperfetto	• futuro	• passato remoto
io	rompo	rompevo	romperò	**ruppi**
tu	rompi	rompevi	romperai	rompesti
lui	rompe	rompeva	romperà	**ruppe**
noi	rompiamo	rompevamo	romperemo	rompemmo
voi	rompete	rompevate	romperete	rompeste
loro	rompono	rompevano	romperanno	**ruppero**

	• passato prossimo	• trapassato prossimo	• futuro anteriore	• trapassato remoto
io	ho **rotto**	avevo **rotto**	avrò **rotto**	ebbi **rotto**
tu	hai **rotto**	avevi **rotto**	avrai **rotto**	avesti **rotto**
lui	ha **rotto**	aveva **rotto**	avrà **rotto**	ebbe **rotto**
noi	abbiamo **rotto**	avevamo **rotto**	avremo **rotto**	avemmo **rotto**
voi	avete **rotto**	avevate **rotto**	avrete **rotto**	aveste **rotto**
loro	hanno **rotto**	avevano **rotto**	avranno **rotto**	ebbero **rotto**

CONGIUNTIVO

	• presente	• imperfetto
io	rompa	rompessi
tu	rompa	rompessi
lui	rompa	rompesse
noi	rompiamo	rompessimo
voi	rompiate	rompeste
loro	rompano	rompessero

	• passato	• trapassato
io	abbia **rotto**	avessi **rotto**
tu	abbia **rotto**	avessi **rotto**
lui	abbia **rotto**	avesse **rotto**
noi	abbiamo **rotto**	avessimo **rotto**
voi	abbiate **rotto**	aveste **rotto**
loro	abbiano **rotto**	avessero **rotto**

CONDIZIONALE

	• semplice
io	romperei
tu	romperesti
lui	romperebbe
noi	romperemmo
voi	rompereste
loro	romperebbero

	• composto
io	avrei **rotto**
tu	avresti **rotto**
lui	avrebbe **rotto**
noi	avremmo **rotto**
voi	avreste **rotto**
loro	avrebbero **rotto**

NOTE A PAG. 120

IMPERATIVO

tu	rompi
lui	rompa
noi	rompiamo
voi	rompete
loro	rompano

GERUNDIO

• semplice
rompendo

• composto
avendo **rotto**

PARTICIPIO

• presente
rompente

• passato
rotto

ALMA Edizioni | Verbissimo

SALIRE

INDICATIVO

	● presente	● imperfetto	● futuro	● passato remoto
io	**salgo**	salivo	salirò	salii
tu	sali	salivi	salirai	salisti
lui	sale	saliva	salirà	salì
noi	saliamo	salivamo	saliremo	salimmo
voi	salite	salivate	salirete	saliste
loro	**salgono**	salivano	saliranno	salirono

	● passato prossimo	● trapassato prossimo	● futuro anteriore	● trapassato remoto
io	sono salito	ero salito	sarò salito	fui salito
tu	sei salito	eri salito	sarai salito	fosti salito
lui	è salito	era salito	sarà salito	fu salito
noi	siamo saliti	eravamo saliti	saremo saliti	fummo saliti
voi	siete saliti	eravate saliti	sarete saliti	foste saliti
loro	sono saliti	erano saliti	saranno saliti	furono saliti

CONGIUNTIVO

	● presente	● imperfetto
io	**salga**	salissi
tu	**salga**	salissi
lui	**salga**	salisse
noi	saliamo	salissimo
voi	saliate	saliste
loro	**salgano**	salissero

	● passato	● trapassato
io	sia salito	fossi salito
tu	sia salito	fossi salito
lui	sia salito	fosse salito
noi	siamo saliti	fossimo saliti
voi	siate saliti	foste saliti
loro	siano saliti	fossero saliti

CONDIZIONALE

	● semplice
io	salirei
tu	saliresti
lui	salirebbe
noi	saliremmo
voi	salireste
loro	salirebbero

	● composto
io	sarei salito
tu	saresti salito
lui	sarebbe salito
noi	saremmo saliti
voi	sareste saliti
loro	sarebbero saliti

NOTE A PAG. 120

IMPERATIVO

tu	sali
lui	**salga**
noi	saliamo
voi	salite
loro	**salgano**

GERUNDIO

● semplice
salendo

● composto
essendo salito

PARTICIPIO

● presente
salente

● passato
salito

SAPERE

INDICATIVO

	• presente	• imperfetto	• futuro	• passato remoto
io	**so**	sapevo	**saprò**	**seppi**
tu	**sai**	sapevi	**saprai**	sapesti
lui	**sa**	sapeva	**saprà**	**seppe**
noi	**sappiamo**	sapevamo	**sapremo**	sapemmo
voi	sapete	sapevate	**saprete**	sapeste
loro	**sanno**	sapevano	**sapranno**	**seppero**

	• passato prossimo	• trapassato prossimo	• futuro anteriore	• trapassato remoto
io	ho saputo	avevo saputo	avrò saputo	ebbi saputo
tu	hai saputo	avevi saputo	avrai saputo	avesti saputo
lui	ha saputo	aveva saputo	avrà saputo	ebbe saputo
noi	abbiamo saputo	avevamo saputo	avremo saputo	avemmo saputo
voi	avete saputo	avevate saputo	avrete saputo	aveste saputo
loro	hanno saputo	avevano saputo	avranno saputo	ebbero saputo

CONGIUNTIVO

	• presente	• imperfetto
io	**sappia**	sapessi
tu	**sappia**	sapessi
lui	**sappia**	sapesse
noi	**sappiamo**	sapessimo
voi	**sappiate**	sapeste
loro	**sappiano**	sapessero

	• passato	• trapassato
io	abbia saputo	avessi saputo
tu	abbia saputo	avessi saputo
lui	abbia saputo	avesse saputo
noi	abbiamo saputo	avessimo saputo
voi	abbiate saputo	aveste saputo
loro	abbiano saputo	avessero saputo

CONDIZIONALE

	• semplice
io	**saprei**
tu	**sapresti**
lui	**saprebbe**
noi	**sapremmo**
voi	**sapreste**
loro	**saprebbero**

	• composto
io	avrei saputo
tu	avresti saputo
lui	avrebbe saputo
noi	avremmo saputo
voi	avreste saputo
loro	avrebbero saputo

NOTE A PAG. 120

IMPERATIVO

tu	**sappi**
lui	**sappia**
noi	**sappiamo**
voi	**sappiate**
loro	**sappiano**

GERUNDIO

• semplice
sapendo

• composto
avendo saputo

PARTICIPIO

• presente
sapiente

• passato
saputo

SCINDERE

INDICATIVO

	● presente	● imperfetto	● futuro	● passato remoto
io	scindo	scindevo	scinderò	**scissi**
tu	scindi	scindevi	scinderai	scindesti
lui	scinde	scindeva	scinderà	**scisse**
noi	scindiamo	scindevamo	scinderemo	scindemmo
voi	scindete	scindevate	scinderete	scindeste
loro	scindono	scindevano	scinderanno	**scissero**

	● passato prossimo	● trapassato prossimo	● futuro anteriore	● trapassato remoto
io	ho **scisso**	avevo **scisso**	avrò **scisso**	ebbi **scisso**
tu	hai **scisso**	avevi **scisso**	avrai **scisso**	avesti **scisso**
lui	ha **scisso**	aveva **scisso**	avrà **scisso**	ebbe **scisso**
noi	abbiamo **scisso**	avevamo **scisso**	avremo **scisso**	avemmo **scisso**
voi	avete **scisso**	avevate **scisso**	avrete **scisso**	aveste **scisso**
loro	hanno **scisso**	avevano **scisso**	avranno **scisso**	ebbero **scisso**

CONGIUNTIVO — CONDIZIONALE

	● presente	● imperfetto	● semplice
io	scinda	scindessi	scinderei
tu	scinda	scindessi	scinderesti
lui	scinda	scindesse	scinderebbe
noi	scindiamo	scindessimo	scinderemmo
voi	scindiate	scindeste	scindereste
loro	scindano	scindessero	scinderebbero

	● passato	● trapassato	● composto
io	abbia **scisso**	avessi **scisso**	avrei **scisso**
tu	abbia **scisso**	avessi **scisso**	avresti **scisso**
lui	abbia **scisso**	avesse **scisso**	avrebbe **scisso**
noi	abbiamo **scisso**	avessimo **scisso**	avremmo **scisso**
voi	abbiate **scisso**	aveste **scisso**	avreste **scisso**
loro	abbiano **scisso**	avessero **scisso**	avrebbero **scisso**

NOTE A PAG. 120

IMPERATIVO

tu	scindi
lui	scinda
noi	scindiamo
voi	scindete
loro	scindano

GERUNDIO

● semplice
scindendo

● composto
avendo **scisso**

PARTICIPIO

● presente
scindente

● passato
scisso

SCRIVERE

INDICATIVO

	• presente	• imperfetto	• futuro	• passato remoto
io	scrivo	scrivevo	scriverò	**scrissi**
tu	scrivi	scrivevi	scriverai	scrivesti
lui	scrive	scriveva	scriverà	**scrisse**
noi	scriviamo	scrivevamo	scriveremo	scrivemmo
voi	scrivete	scrivevate	scriverete	scriveste
loro	scrivono	scrivevano	scriveranno	**scrissero**

	• passato prossimo	• trapassato prossimo	• futuro anteriore	• trapassato remoto
io	ho **scritto**	avevo **scritto**	avrò **scritto**	ebbi **scritto**
tu	hai **scritto**	avevi **scritto**	avrai **scritto**	avesti **scritto**
lui	ha **scritto**	aveva **scritto**	avrà **scritto**	ebbe **scritto**
noi	abbiamo **scritto**	avevamo **scritto**	avremo **scritto**	avemmo **scritto**
voi	avete **scritto**	avevate **scritto**	avrete **scritto**	aveste **scritto**
loro	hanno **scritto**	avevano **scritto**	avranno **scritto**	ebbero **scritto**

CONGIUNTIVO

	• presente	• imperfetto
io	scriva	scrivessi
tu	scriva	scrivessi
lui	scriva	scrivesse
noi	scriviamo	scrivessimo
voi	scriviate	scriveste
loro	scrivano	scrivessero

	• passato	• trapassato
io	abbia **scritto**	avessi **scritto**
tu	abbia **scritto**	avessi **scritto**
lui	abbia **scritto**	avesse **scritto**
noi	abbiamo **scritto**	avessimo **scritto**
voi	abbiate **scritto**	aveste **scritto**
loro	abbiano **scritto**	avessero **scritto**

CONDIZIONALE

	• semplice
io	scriverei
tu	scriveresti
lui	scriverebbe
noi	scriveremmo
voi	scrivereste
loro	scriverebbero

	• composto
io	avrei **scritto**
tu	avresti **scritto**
lui	avrebbe **scritto**
noi	avremmo **scritto**
voi	avreste **scritto**
loro	avrebbero **scritto**

IMPERATIVO

tu	scrivi
lui	scriva
noi	scriviamo
voi	scrivete
loro	scrivano

GERUNDIO

• semplice
scrivendo

• composto
avendo **scritto**

PARTICIPIO

• presente
scrivente

• passato
scritto

SCUOTERE

INDICATIVO

	● presente	● imperfetto	● futuro	● passato remoto
io	scuoto	scuotevo	scuoterò	**scossi**
tu	scuoti	scuotevi	scuoterai	scuotesti
lui	scuote	scuoteva	scuoterà	**scosse**
noi	scuotiamo	scuotevamo	scuoteremo	scuotemmo
voi	scuotete	scuotevate	scuoterete	scuoteste
loro	**scuotono**	scuotevano	scuoteranno	**scossero**

	● passato prossimo	● trapassato prossimo	● futuro anteriore	● trapassato remoto
io	ho **scosso**	avevo **scosso**	avrò **scosso**	ebbi **scosso**
tu	hai **scosso**	avevi **scosso**	avrai **scosso**	avesti **scosso**
lui	ha **scosso**	aveva **scosso**	avrà **scosso**	ebbe **scosso**
noi	abbiamo **scosso**	avevamo **scosso**	avremo **scosso**	avemmo **scosso**
voi	avete **scosso**	avevate **scosso**	avrete **scosso**	aveste **scosso**
loro	hanno **scosso**	avevano **scosso**	avranno **scosso**	ebbero **scosso**

CONGIUNTIVO

	● presente	● imperfetto
io	scuota	scuotessi
tu	scuota	scuotessi
lui	scuota	scuotesse
noi	scuotiamo	scuotessimo
voi	scuotiate	scuoteste
loro	scuotano	scuotessero

	● passato	● trapassato
io	abbia **scosso**	avessi **scosso**
tu	abbia **scosso**	avessi **scosso**
lui	abbia **scosso**	avesse **scosso**
noi	abbiamo **scosso**	avessimo **scosso**
voi	abbiate **scosso**	aveste **scosso**
loro	abbiano **scosso**	avessero **scosso**

NOTE A PAG. 120

CONDIZIONALE

	● semplice
io	scuoterei
tu	scuoteresti
lui	scuoterebbe
noi	scuoteremmo
voi	scuotereste
loro	scuoterebbero

	● composto
io	avrei **scosso**
tu	avresti **scosso**
lui	avrebbe **scosso**
noi	avremmo **scosso**
voi	avreste **scosso**
loro	avrebbero **scosso**

IMPERATIVO

tu	scuoti
lui	scuota
noi	scuotiamo
voi	scuotete
loro	scuotano

GERUNDIO

● semplice
scuotendo

● composto
avendo **scosso**

PARTICIPIO

● presente
scuotente

● passato
scosso

SECERNERE

INDICATIVO

	● presente	● imperfetto	● futuro	● passato remoto
io	secerno	secernevo	secernerò	secernei
tu	secerni	secernevi	secernerai	secernesti
lui	secerne	secerneva	secernerà	secerné
noi	secerniamo	secernevamo	secerneremo	secernemmo
voi	secernete	secernevate	secernerete	secerneste
loro	secernono	secernevano	secerneranno	secernerono

	● passato prossimo	● trapassato prossimo	● futuro anteriore	● trapassato remoto
io	ho **secreto**	avevo **secreto**	avrò **secreto**	ebbi **secreto**
tu	hai **secreto**	avevi **secreto**	avrà **secreto**	avesti **secreto**
lui	ha **secreto**	aveva **secreto**	avrà **secreto**	ebbe **secreto**
noi	abbiamo **secreto**	avevamo **secreto**	avremo **secreto**	avemmo **secreto**
voi	avete **secreto**	avevate **secreto**	avrete **secreto**	aveste **secreto**
loro	hanno **secreto**	avevano **secreto**	avranno **secreto**	ebbero **secreto**

CONGIUNTIVO

	● presente	● imperfetto
io	secerna	secernessi
tu	secerna	secernessi
lui	secerna	secernesse
noi	secerniamo	secernessimo
voi	secerniate	secerneste
loro	secernano	secernessero

	● passato	● trapassato
io	abbia **secreto**	avessi **secreto**
tu	abbia **secreto**	avessi **secreto**
lui	abbia **secreto**	avesse **secreto**
noi	abbiamo **secreto**	avessimo **secreto**
voi	abbiate **secreto**	aveste **secreto**
loro	abbiano **secreto**	avessero **secreto**

CONDIZIONALE

	● semplice
io	secernerei
tu	secerneresti
lui	secernerebbe
noi	secerneremmo
voi	secernereste
loro	secernerebbero

	● composto
io	avrei **secreto**
tu	avresti **secreto**
lui	avrebbe **secreto**
noi	avremmo **secreto**
voi	avreste **secreto**
loro	avrebbero **secreto**

NOTE A PAG. 120

IMPERATIVO

tu	secerni
lui	secerna
noi	secerniamo
voi	secernete
loro	secernano

GERUNDIO

● semplice
secernendo

● composto
avendo **secreto**

PARTICIPIO

● presente
secernente

● passato
secreto

SEDERE

INDICATIVO

	• presente	• imperfetto	• futuro	• passato remoto
io	**siedo/seggo**	sedevo	sederò/**siederò**	sedei/sedetti
tu	**siedi**	sedevi	sederai/**siederai**	sedesti
lui	**siede**	sedeva	sederà/**siederà**	sedé/sedette
noi	sediamo	sedevamo	sederemo/**siederemo**	sedemmo
voi	sedete	sedevate	sederete/**siederete**	sedeste
loro	**siedono/seggono**	sedevano	sederanno/**siederanno**	sederono/sedettero

	• passato prossimo	• trapassato prossimo	• futuro anteriore	• trapassato remoto
io	(ho seduto)	(avevo seduto)	(avrò seduto)	(ebbi seduto)
tu	(hai seduto)	(avevi seduto)	(avrai seduto)	(avesti seduto)
lui	(ha seduto)	(aveva seduto)	(avrà seduto)	(ebbe seduto)
noi	(abbiamo seduto)	(avevamo seduto)	(avremo seduto)	(avemmo seduto)
voi	(avete seduto)	(avevate seduto)	(avrete seduto)	(aveste seduto)
loro	(hanno seduto)	(avevano seduto)	(avranno seduto)	(ebbero seduti)

CONGIUNTIVO

NOTE A PAG. 120

	• presente	• imperfetto
io	**sieda/segga**	sedessi
tu	**sieda/segga**	sedessi
lui	**sieda/segga**	sedesse
noi	sediamo	sedessimo
voi	sediate	sedeste
loro	**siedano/seggano**	sedessero

	• passato	• trapassato
io	(abbia seduto)	(avessi seduto)
tu	(abbia seduto)	(avessi seduto)
lui	(abbia seduto)	(avesse seduto)
noi	(abbiano seduto)	(avessimo seduto)
voi	(abbiate seduto)	(aveste seduto)
loro	(abbiano seduto)	(avessero seduto)

CONDIZIONALE

	• semplice
io	sederei/**siederei**
tu	sederesti/**siederesti**
lui	sederebbe/**siederebbe**
noi	sederemmo/**siederemmo**
voi	sedereste/**siedereste**
loro	sederebbero/**siederebbero**

	• composto
io	(avrei seduto)
tu	(avresti seduto)
lui	(avrebbe seduto)
noi	(avremmo seduto)
voi	(avreste seduto)
loro	(avrebbero seduto)

IMPERATIVO

tu	**siedi**
lui	**sieda/segga**
noi	sediamo
voi	sedete
loro	**siedano/seggano**

GERUNDIO

• semplice
sedendo

• composto
(avendo seduto)

PARTICIPIO

• presente
sedente

• passato
seduto

SEPPELLIRE

INDICATIVO

	● presente	● imperfetto	● futuro	● passato remoto
io	seppellisco	seppellivo	seppellirò	seppellii
tu	seppellisci	seppellivi	seppellirai	seppellisti
lui	seppellisce	seppelliva	seppellirà	seppellì
noi	seppelliamo	seppellivamo	seppelliremo	seppellimmo
voi	seppellite	seppellivate	seppellirete	seppelliste
loro	seppelliscono	seppellivano	seppelliranno	seppellirono
	● passato prossimo	● trapassato prossimo	● futuro anteriore	● trapassato remoto
io	ho seppellito/**sepolto**	avevo seppellito/**sepolto**	avrò seppellito/**sepolto**	ebbi seppellito/**sepolto**
tu	hai seppellito/**sepolto**	avevi seppellito/**sepolto**	avrai seppellito/**sepolto**	avesti seppellito/**sepolto**
lui	ha seppellito/**sepolto**	aveva seppellito/**sepolto**	avrà seppellito/**sepolto**	ebbe seppellito/**sepolto**
noi	abbiamo seppellito/**sepolto**	avevamo seppellito/**sepolto**	avremo seppellito/**sepolto**	avemmo seppellito/**sepolto**
voi	avete seppellito/**sepolto**	avevate seppellito/**sepolto**	avrete seppellito/**sepolto**	aveste seppellito/**sepolto**
loro	hanno seppellito/**sepolto**	avevano seppellito/**sepolto**	avranno seppellito/**sepolto**	ebbero seppellito/**sepolto**

CONGIUNTIVO

	● presente	● imperfetto
io	seppellisca	seppellissi
tu	seppellisca	seppellissi
lui	seppellisca	seppellisse
noi	seppelliamo	seppellissimo
voi	seppelliate	seppelliste
loro	seppelliscano	seppellissero
	● passato	● trapassato
io	abbia seppellito/**sepolto**	avessi seppellito/**sepolto**
tu	abbia seppellito/**sepolto**	avessi seppellito/**sepolto**
lui	abbia seppellito/**sepolto**	avesse seppellito/**sepolto**
noi	abbiamo seppellito/**sepolto**	avessimo seppellito/**sepolto**
voi	abbiate seppellito/**sepolto**	aveste seppellito/**sepolto**
loro	abbiano seppellito/**sepolto**	avessero seppellito/**sepolto**

CONDIZIONALE

	● semplice
io	seppellirei
tu	seppelliresti
lui	seppellirebbe
noi	seppelliremmo
voi	seppellireste
loro	seppellirebbero
	● composto
io	avrei seppellito/**sepolto**
tu	avresti seppellito/**sepolto**
lui	avrebbe seppellito/**sepolto**
noi	avremmo seppellito/**sepolto**
voi	avreste seppellito/**sepolto**
loro	avrebbero seppellito/**sepolto**

NOTE A PAG. 120

IMPERATIVO

tu	seppellisci
lui	seppellisca
noi	seppelliamo
voi	seppellite
loro	seppelliscano

GERUNDIO

● semplice
seppellendo

● composto
avendo seppellito/**sepolto**

PARTICIPIO

● presente
(seppellente)

● passato
seppellito/**sepolto**

SOLERE

INDICATIVO

	• presente	• imperfetto	• futuro	• passato remoto
io	**solgo**	solevo	*	solei
tu	**suoli**	solevi	*	solesti
lui	**suole**	soleva	*	solé
noi	**sogliamo**	solevamo	*	solemmo
voi	solete	solevate	*	soleste
loro	**sogliono**	solevano	*	solerono

	• passato prossimo	• trapassato prossimo	• futuro anteriore	• trapassato remoto
io	*	*	*	*
tu	*	*	*	*
lui	*	*	*	*
noi	*	*	*	*
voi	*	*	*	*
loro	*	*	*	*

CONGIUNTIVO

	• presente	• imperfetto
io	**soglia**	solessi
tu	**soglia**	solessi
lui	**soglia**	solesse
noi	**sogliamo**	solessimo
voi	**sogliate**	soleste
loro	**sogliano**	solessero

	• passato	• trapassato
io	*	*
tu	*	*
lui	*	*
noi	*	*
voi	*	*
loro	*	*

CONDIZIONALE

	• semplice
io	*
tu	*
lui	*
noi	*
voi	*
loro	*

	• composto
io	*
tu	*
lui	*
noi	*
voi	*
loro	*

NOTE A PAG. 120

IMPERATIVO

tu	*
lui	*
noi	*
voi	*
loro	*

GERUNDIO

• semplice
*

• composto
*

PARTICIPIO

• presente

• passato

SPANDERE

INDICATIVO

	● presente	● imperfetto	● futuro	● passato remoto
io	spando	spandevo	spanderò	**spansi**/spandei
tu	spandi	spandevi	spanderai	spandesti
lui	spande	spandeva	spanderà	**spanse**/spandé
noi	spandiamo	spandevamo	spanderemo	spandemmo
voi	spandete	spandevate	spanderete	spandeste
loro	spandono	spandevano	spanderanno	**spansero**/**spanderono**

	● passato prossimo	● trapassato prossimo	● futuro anteriore	● trapassato remoto
io	(ho **spanso**)	(avevo **spanso**)	(avrò **spanso**)	(ebbi **spanso**)
tu	(hai **spanso**)	(avevi **spanso**)	(avrai **spanso**)	(avesti **spanso**)
lui	(ha **spanso**)	(aveva **spanso**)	(avrà **spanso**)	(ebbe **spanso**)
noi	(abbiamo **spanso**)	(avevamo **spanso**)	(avremo **spanso**)	(avemmo **spanso**)
voi	(avete **spanso**)	(avevate **spanso**)	(avrete **spanso**)	(aveste **spanso**)
loro	(hanno **spanso**)	(avevano **spanso**)	(avranno **spanso**)	(ebbero **spanso**)

CONGIUNTIVO

	● presente	● imperfetto
io	spanda	spandessi
tu	spanda	spandessi
lui	spanda	spandesse
noi	spandiamo	spandessimo
voi	spandiate	spandeste
loro	spandano	spandessero

	● passato	● trapassato
io	(abbia **spanso**)	(avessi **spanso**)
tu	(abbia **spanso**)	(avessi **spanso**)
lui	(abbia **spanso**)	(avesse **spanso**)
noi	(abbiamo **spanso**)	(avessimo **spanso**)
voi	(abbiate **spanso**)	(aveste **spanso**)
loro	(abbiano **spanso**)	(avessero **spanso**)

CONDIZIONALE

	● semplice
io	spanderei
tu	spanderesti
lui	spanderebbe
noi	spanderemmo
voi	spandereste
loro	spanderebbero

	● composto
io	(avrei **spanso**)
tu	(avresti **spanso**)
lui	(avrebbe **spanso**)
noi	(avremmo **spanso**)
voi	(avreste **spanso**)
loro	(avrebbero **spanso**)

IMPERATIVO

tu	spandi
lui	spanda
noi	spandiamo
voi	spandete
loro	spandano

GERUNDIO

● semplice
spandendo

● composto
(avendo **spanso**)

PARTICIPIO

● presente
spandente

● passato
spanso

SPARGERE

INDICATIVO

	● presente	● imperfetto	● futuro	● passato remoto
io	spargo	spargevo	spargerò	**sparsi**
tu	spargi	spargevi	spargerai	spargesti
lui	sparge	spargeva	spargerà	**sparse**
noi	spargiamo	spargevamo	spargeremo	spargemmo
voi	spargete	spargevate	spargerete	spargeste
loro	spargono	spargevano	spargeranno	**sparsero**

	● passato prossimo	● trapassato prossimo	● futuro anteriore	● trapassato remoto
io	ho **sparso**	avevo **sparso**	avrò **sparso**	ebbi **sparso**
tu	hai **sparso**	avevi **sparso**	avrai **sparso**	avesti **sparso**
lui	ha **sparso**	aveva **sparso**	avrà **sparso**	ebbe **sparso**
noi	abbiamo **sparso**	avevamo **sparso**	avremo **sparso**	avemmo **sparso**
voi	avete **sparso**	avevate **sparso**	avrete **sparso**	aveste **sparso**
loro	hanno **sparso**	avevano **sparso**	avranno **sparso**	ebbero **sparso**

CONGIUNTIVO

	● presente	● imperfetto
io	sparga	spargessi
tu	sparga	spargessi
lui	sparga	spargesse
noi	spargiamo	spargessimo
voi	spargiate	spargeste
loro	spargano	spargessero

	● passato	● trapassato
io	abbia **sparso**	avessi **sparso**
tu	abbia **sparso**	avessi **sparso**
lui	abbia **sparso**	avesse **sparso**
noi	abbiamo **sparso**	avessimo **sparso**
voi	abbiate **sparso**	aveste **sparso**
loro	abbiano **sparso**	avessero **sparso**

CONDIZIONALE

	● semplice
io	spargerei
tu	spargeresti
lui	spargerebbe
noi	spargeremmo
voi	spargereste
loro	spargerebbero

	● composto
io	avrei **sparso**
tu	avresti **sparso**
lui	avrebbe **sparso**
noi	avremmo **sparso**
voi	avreste **sparso**
loro	avrebbero **sparso**

IMPERATIVO

tu	spargi
lui	sparga
noi	spargiamo
voi	spargete
loro	spargano

GERUNDIO

● semplice
spargendo

● composto
avendo **sparso**

PARTICIPIO

● presente
spargente

● passato
sparso

SPEGNERE

INDICATIVO

	• presente	• imperfetto	• futuro	• passato remoto
io	**spengo**	spegnevo	spegnerò	**spensi**
tu	spegni	spegnevi	spegnerai	spegnesti
lui	spegne	spegneva	spegnerà	**spense**
noi	spegniamo	spegnevamo	spegneremo	spegnemmo
voi	spegnete	spegnevate	spegnerete	spegneste
loro	**spengono**	spegnevano	spegneranno	**spensero**

	• passato prossimo	• trapassato prossimo	• futuro anteriore	• trapassato remoto
io	ho **spento**	avevo **spento**	avrò **spento**	ebbi **spento**
tu	hai **spento**	avevi **spento**	avrai **spento**	avesti **spento**
lui	ha **spento**	aveva **spento**	avrà **spento**	ebbe **spento**
noi	abbiamo **spento**	avevamo **spento**	avremo **spento**	avemmo **spento**
voi	avete **spento**	avevate **spento**	avrete **spento**	aveste **spento**
loro	hanno **spento**	avevano **spento**	avranno **spento**	ebbero **spento**

CONGIUNTIVO

	• presente	• imperfetto
io	**spenga**	spegnessi
tu	**spenga**	spegnessi
lui	**spenga**	spegnesse
noi	spegniamo	spegnessimo
voi	spegniate	spegneste
loro	**spengano**	spegnessero

	• passato	• trapassato
io	abbia **spento**	avessi **spento**
tu	abbia **spento**	avessi **spento**
lui	abbia **spento**	avesse **spento**
noi	abbiamo **spento**	avessimo **spento**
voi	abbiate **spento**	aveste **spento**
loro	abbiano **spento**	avessero **spento**

CONDIZIONALE

	• semplice
io	spegnerei
tu	spegneresti
lui	spegnerebbe
noi	spegneremmo
voi	spegnereste
loro	spegnerebbero

	• composto
io	avrei **spento**
tu	avresti **spento**
lui	avrebbe **spento**
noi	avremmo **spento**
voi	avreste **spento**
loro	avrebbero **spento**

NOTE A PAG. 120

IMPERATIVO

tu	spegni
lui	**spenga**
noi	spegniamo
voi	spegnete
loro	**spengano**

GERUNDIO

• semplice
spegnendo

• composto
avendo **spento**

PARTICIPIO

• presente
spegnente

• passato
spento

STARE

INDICATIVO

	• presente	• imperfetto	• futuro	• passato remoto
io	sto	stavo	**starò**	stetti
tu	**stai**	stavi	**starai**	stesti
lui	sta	stava	**starà**	stette
noi	stiamo	stavamo	**staremo**	stemmo
voi	state	stavate	**starete**	steste
loro	**stanno**	stavano	**staranno**	stettero

	• passato prossimo	• trapassato prossimo	• futuro anteriore	• trapassato remoto
io	sono stato	ero stato	sarò stato	fui stato
tu	sei stato	eri stato	sarai stato	fosti stato
lui	è stato	era stato	sarà stato	fu stato
noi	siamo stati	eravamo stati	saremo stati	fummo stati
voi	siete stati	eravate stati	sarete stati	foste stati
loro	sono stati	erano stati	saranno stati	furono stati

CONGIUNTIVO

	• presente	• imperfetto
io	**stia**	**stessi**
tu	**stia**	**stessi**
lui	**stia**	**stesse**
noi	stiamo	**stessimo**
voi	stiate	**steste**
loro	**stiano**	**stessero**

	• passato	• trapassato
io	sia stato	fossi stato
tu	sia stato	fossi stato
lui	sia stato	fosse stato
noi	siamo stati	fossimo stati
voi	siate stati	foste stati
loro	siano stati	fossero stati

CONDIZIONALE

• semplice
starei
staresti
starebbe
staremmo
stareste
starebbero

• composto
sarei stato
saresti stato
sarebbe stato
saremmo stati
sareste stati
sarebbero stati

IMPERATIVO

tu	**sta'/stai**
lui	**stia**
noi	stiamo
voi	state
loro	**stiano**

GERUNDIO

• semplice
stando

• composto
essendo stato

PARTICIPIO

• presente
stante

• passato
stato

STRINGERE

INDICATIVO

	● presente	● imperfetto	● futuro	● passato remoto
io	stringo	stringevo	stringerò	**strinsi**
tu	stringi	stringevi	stringerai	stringesti
lui	stringe	stringeva	stringerà	**strinse**
noi	stringiamo	stringevamo	stringeremo	stringemmo
voi	stringete	stringevate	stringerete	stringeste
loro	stringono	stringevano	stringeranno	**strinsero**

	● passato prossimo	● trapassato prossimo	● futuro anteriore	● trapassato remoto
io	ho **stretto**	avevo **stretto**	avrò **stretto**	ebbi **stretto**
tu	hai **stretto**	avevi **stretto**	avrai **stretto**	avesti **stretto**
lui	ha **stretto**	aveva **stretto**	avrà **stretto**	ebbe **stretto**
noi	abbiamo **stretto**	avevamo **stretto**	avremo **stretto**	avemmo **stretto**
voi	avete **stretto**	avevate **stretto**	avrete **stretto**	aveste **stretto**
loro	hanno **stretto**	avevano **stretto**	avranno **stretto**	ebbero **stretto**

CONGIUNTIVO

	● presente	● imperfetto
io	stringa	stringessi
tu	stringa	stringessi
lui	stringa	stringesse
noi	stringiamo	stringessimo
voi	stringiate	stringeste
loro	stringano	stringessero

	● passato	● trapassato
io	abbia **stretto**	avessi **stretto**
tu	abbia **stretto**	avessi **stretto**
lui	abbia **stretto**	avesse **stretto**
noi	abbiamo **stretto**	avessimo **stretto**
voi	abbiate **stretto**	aveste **stretto**
loro	abbiano **stretto**	avessero **stretto**

CONDIZIONALE

	● semplice
io	stringerei
tu	stringeresti
lui	stringerebbe
noi	stringeremmo
voi	stringereste
loro	stringerebbero

	● composto
io	avrei **stretto**
tu	avresti **stretto**
lui	avrebbe **stretto**
noi	avremmo **stretto**
voi	avreste **stretto**
loro	avrebbero **stretto**

IMPERATIVO

tu	stringi
lui	stringa
noi	stringiamo
voi	stringete
loro	stringano

GERUNDIO

● semplice
stringendo

● composto
avendo **stretto**

PARTICIPIO

● presente
stringente

● passato
stretto

SUCCEDERE

INDICATIVO

	• presente	• imperfetto	• futuro	• passato remoto
io	succedo	succedevo	succederò	**successi**/succedetti
tu	succedi	succedevi	succederai	succedesti
lui	succede	succedeva	succederà	**successe**/succedette
noi	succediamo	succedevamo	succederemo	succedemmo
voi	succedete	succedevate	succederete	succedeste
loro	succedono	succedevano	succederanno	**successero**/succedettero

	• passato prossimo	• trapassato prossimo	• futuro anteriore	• trapassato remoto
io	sono succeduto	ero succeduto	sarò succeduto	fui succeduto
tu	sei succeduto	eri succeduto	sarai succeduto	fosti succeduto
lui	è succeduto	era succeduto	sarà succeduto	fu succeduto
noi	siamo succeduti	eravamo succeduti	saremo succeduti	fummo succeduti
voi	siete succeduti	eravate succeduti	sarete succeduti	foste succeduti
loro	sono succeduti	erano succeduti	saranno succeduti	furono succeduti

CONGIUNTIVO

	• presente	• imperfetto
io	succeda	succedessi
tu	succeda	succedessi
lui	succeda	succedesse
noi	succediamo	succedessimo
voi	succediate	succedeste
loro	succedano	succedessero

CONDIZIONALE

• semplice
succederei
succederesti
succederebbe
succederemmo
succedereste
succederebbero

NOTE A PAG. 121

	• passato	• trapassato
io	sia succeduto	fossi succeduto
tu	sia succeduto	fossi succeduto
lui	sia succeduto	fosse succeduto
noi	siamo succeduti	fossimo succeduti
voi	siate succeduti	foste succeduti
loro	siano succeduti	fossero succeduti

• composto
sarei succeduto
saresti succeduto
sarebbe succeduto
saremmo succeduti
sareste succeduti
sarebbero succeduti

IMPERATIVO

tu	succedi
lui	succeda
noi	succediamo
voi	succedete
loro	succedano

GERUNDIO

• semplice
succedendo

• composto
essendo succeduto

PARTICIPIO

• presente
succedente

• passato
succeduto

TACERE

INDICATIVO

	• presente	• imperfetto	• futuro	• passato remoto
io	**taccio**	tacevo	tacerò	**tacqui**
tu	taci	tacevi	tacerai	tacesti
lui	tace	taceva	tacerà	**tacque**
noi	**tacciamo**/taciamo	tacevamo	taceremo	tacemmo
voi	tacete	tacevate	tacerete	taceste
loro	**tacciono**/taciono	tacevano	taceranno	**tacquero**

	• passato prossimo	• trapassato prossimo	• futuro anteriore	• trapassato remoto
io	ho **taciuto**	avevo **taciuto**	avrò **taciuto**	ebbi **taciuto**
tu	hai **taciuto**	avevi **taciuto**	avrai **taciuto**	avesti **taciuto**
lui	ha **taciuto**	aveva **taciuto**	avrà **taciuto**	ebbe **taciuto**
noi	abbiamo **taciuto**	avevamo **taciuto**	avremo **taciuto**	avemmo **taciuto**
voi	avete **taciuto**	avevate **taciuto**	avrete **taciuto**	aveste **taciuto**
loro	hanno **taciuto**	avevano **taciuto**	avranno **taciuto**	ebbero **taciuto**

CONGIUNTIVO

	• presente	• imperfetto
io	**taccia**	tacessi
tu	**taccia**	tacessi
lui	**taccia**	tacesse
noi	**tacciamo**	tacessimo
voi	**tacciate**	taceste
loro	**tacciano**	tacessero

	• passato	• trapassato
io	abbia **taciuto**	avessi **taciuto**
tu	abbia **taciuto**	avessi **taciuto**
lui	abbia **taciuto**	avesse **taciuto**
noi	abbiamo **taciuto**	avessimo **taciuto**
voi	abbiate **taciuto**	aveste **taciuto**
loro	abbiano **taciuto**	avessero **taciuto**

CONDIZIONALE

	• semplice
io	tacerei
tu	taceresti
lui	tacerebbe
noi	taceremmo
voi	tacereste
loro	tacerebbero

	• composto
io	avrei **taciuto**
tu	avresti **taciuto**
lui	avrebbe **taciuto**
noi	avremmo **taciuto**
voi	avreste **taciuto**
loro	avrebbero **taciuto**

NOTE A PAG. 121

IMPERATIVO

tu	taci
lui	**taccia**
noi	**tacciamo**
voi	tacete
loro	**tacciano**

GERUNDIO

• semplice
tacendo

• composto
avendo **taciuto**

PARTICIPIO

• presente
tacente

• passato
taciuto

TENERE

INDICATIVO

	• presente	• imperfetto	• futuro	• passato remoto
io	**tengo**	tenevo	**terrò**	**tenni**
tu	**tieni**	tenevi	**terrai**	tenesti
lui	**tiene**	teneva	**terrà**	**tenne**
noi	teniamo	tenevamo	**terremo**	tenemmo
voi	tenete	tenevate	**terrete**	teneste
loro	**tengono**	tenevano	**terranno**	**tennero**

	• passato prossimo	• trapassato prossimo	• futuro anteriore	• trapassato remoto
io	ho tenuto	avevo tenuto	avrò tenuto	ebbi tenuto
tu	hai tenuto	avevi tenuto	avrai tenuto	avesti tenuto
lui	ha tenuto	aveva tenuto	avrà tenuto	ebbe tenuto
noi	abbiamo tenuto	avevamo tenuto	avremo tenuto	avemmo tenuto
voi	avete tenuto	avevate tenuto	avrete tenuto	aveste tenuto
loro	hanno tenuto	avevano tenuto	avranno tenuto	ebbero tenuto

CONGIUNTIVO

	• presente	• imperfetto
io	**tenga**	tenessi
tu	**tenga**	tenessi
lui	**tenga**	tenesse
noi	teniamo	tenessimo
voi	teniate	teneste
loro	**tengano**	tenessero

	• passato	• trapassato
io	abbia tenuto	avessi tenuto
tu	abbia tenuto	avessi tenuto
lui	abbia tenuto	avesse tenuto
noi	abbiamo tenuto	avessimo tenuto
voi	abbiate tenuto	aveste tenuto
loro	abbiano tenuto	avessero tenuto

CONDIZIONALE

	• semplice
io	**terrei**
tu	**terresti**
lui	**terrebbe**
noi	**terremmo**
voi	**terreste**
loro	**terrebbero**

	• composto
io	avrei tenuto
tu	avresti tenuto
lui	avrebbe tenuto
noi	avremmo tenuto
voi	avreste tenuto
loro	avrebbero tenuto

NOTE A PAG. 121

IMPERATIVO

tu	**tieni**
lui	**tenga**
noi	teniamo
voi	tenete
loro	**tengano**

GERUNDIO

• semplice
tenendo

• composto
avendo tenuto

PARTICIPIO

• presente
tenente

• passato
tenuto

TORCERE

INDICATIVO

	● presente	● imperfetto	● futuro	● passato remoto
io	torco	torcevo	torcerò	**torsi**
tu	torci	torcevi	torcerai	torcesti
lui	torce	torceva	torcerà	**torse**
noi	torciamo	torcevamo	torceremo	torcemmo
voi	torcete	torcevate	torcerete	torceste
loro	torcono	torcevano	torceranno	**torsero**

	● passato prossimo	● trapassato prossimo	● futuro anteriore	● trapassato remoto
io	ho **torto**	avevo **torto**	avrò **torto**	ebbi **torto**
tu	hai **torto**	avevi **torto**	avrai **torto**	avesti **torto**
lui	ha **torto**	aveva **torto**	avrà **torto**	ebbe **torto**
noi	abbiamo **torto**	avevamo **torto**	avremo **torto**	avemmo **torto**
voi	avete **torto**	avevate **torto**	avrete **torto**	aveste **torto**
loro	hanno **torto**	avevano **torto**	avranno **torto**	ebbero **torto**

CONGIUNTIVO

	● presente	● imperfetto
io	torca	torcessi
tu	torca	torcessi
lui	torca	torcesse
noi	torciamo	torcessimo
voi	torciate	torceste
loro	torcano	torcessero

	● passato	● trapassato
io	abbia **torto**	avessi **torto**
tu	abbia **torto**	avessi **torto**
lui	abbia **torto**	avesse **torto**
noi	abbiamo **torto**	avessimo **torto**
voi	abbiate **torto**	aveste **torto**
loro	abbiano **torto**	avessero **torto**

CONDIZIONALE

	● semplice
io	torcerei
tu	torceresti
lui	torcerebbe
noi	torceremmo
voi	torcereste
loro	torcerebbero

	● composto
io	avrei **torto**
tu	avresti **torto**
lui	avrebbe **torto**
noi	avremmo **torto**
voi	avreste **torto**
loro	avrebbero **torto**

NOTE A PAG. 121

IMPERATIVO

tu	torci
lui	torca
noi	torciamo
voi	torcete
loro	torcano

GERUNDIO

● semplice
torcendo

● composto
avendo **torto**

PARTICIPIO

● presente
torcente

● passato
torto

TRARRE

INDICATIVO

	● presente	● imperfetto	● futuro	● passato remoto
io	traggo	traevo	trarrò	trassi
tu	trai	traevi	trarrai	traesti
lui	trae	traeva	trarrà	trasse
noi	traiamo	traevamo	trarremo	traemmo
voi	traete	traevate	trarrete	traeste
loro	traggono	traevano	trarranno	trassero
	● passato prossimo	● trapassato prossimo	● futuro anteriore	● trapassato remoto
io	ho tratto	avevo tratto	avrò tratto	ebbi tratto
tu	hai tratto	avevi tratto	avrai tratto	avesti tratto
lui	ha tratto	aveva tratto	avrà tratto	ebbe tratto
noi	abbiamo tratto	avevamo tratto	avremo tratto	avemmo tratto
voi	avete tratto	avevate tratto	avrete tratto	aveste tratto
loro	hanno tratto	avevano tratto	avranno tratto	ebbero tratto

CONGIUNTIVO

	● presente	● imperfetto
io	tragga	traessi
tu	tragga	traessi
lui	tragga	traesse
noi	traiamo	traessimo
voi	traiate	traeste
loro	traggano	traessero
	● passato	● trapassato
io	abbia tratto	avessi tratto
tu	abbia tratto	avessi tratto
lui	abbia tratto	avesse tratto
noi	abbiamo tratto	avessimo tratto
voi	abbiate tratto	aveste tratto
loro	abbiano tratto	avessero tratto

CONDIZIONALE

● semplice
trarrei
trarresti
trarrebbe
trarremmo
trarreste
trarrebbero
● composto
avrei tratto
avresti tratto
avrebbe tratto
avremmo tratto
avreste tratto
avrebbero tratto

IMPERATIVO

tu	trai
lui	tragga
noi	traiamo
voi	traete
loro	traggano

GERUNDIO

● semplice
traendo

● composto
avendo tratto

PARTICIPIO

● presente
traente

● passato
tratto

UDIRE

INDICATIVO

	● presente	● imperfetto	● futuro	● passato remoto
io	**odo**	udivo	udirò/**udrò**	udii
tu	**odi**	udivi	udirai/**udrai**	udisti
lui	**ode**	udiva	udirà/**udrà**	udì
noi	udiamo	udivamo	udiremo/**udremo**	udimmo
voi	udite	udivate	udirete/**udrete**	udiste
loro	**odono**	udivano	udiranno/**udranno**	udirono

	● passato prossimo	● trapassato prossimo	● futuro anteriore	● trapassato remoto
io	ho udito	avevo udito	avrò udito	ebbi udito
tu	hai udito	avevi udito	avrai udito	avesti udito
lui	ha udito	aveva udito	avrà udito	ebbe udito
noi	abbiamo udito	avevamo udito	avremo udito	avemmo udito
voi	avete udito	avevate udito	avrete udito	aveste udito
loro	hanno udito	avevano udito	avranno udito	ebbero udito

CONGIUNTIVO

	● presente	● imperfetto
io	**oda**	udissi
tu	**oda**	udissi
lui	**oda**	udisse
noi	udiamo	udissimo
voi	udiate	udiste
loro	**odano**	udissero

	● passato	● trapassato
io	abbia udito	avessi udito
tu	abbia udito	avessi udito
lui	abbia udito	avesse udito
noi	abbiamo udito	avessimo udito
voi	abbiate udito	aveste udito
loro	abbiano udito	avessero udito

CONDIZIONALE

	● semplice
io	udirei/**udrei**
tu	udiresti/**udresti**
lui	udirebbe/**udrebbe**
noi	udiremmo/**udremmo**
voi	udireste/**udreste**
loro	udirebbero/**udrebbero**

	● composto
io	avrei udito
tu	avresti udito
lui	avrebbe udito
noi	avremmo udito
voi	avreste udito
loro	avrebbero udito

NOTE A PAG. 121

IMPERATIVO

tu	**odi**
lui	**oda**
noi	udiamo
voi	udite
loro	**odano**

GERUNDIO

● semplice
udendo

● composto
avendo udito

PARTICIPIO

● presente
udente

● passato
udito

USCIRE

INDICATIVO

	● presente	● imperfetto	● futuro	● passato remoto
io	**esco**	uscivo	uscirò	uscii
tu	**esci**	uscivi	uscirai	uscisti
lui	**esce**	usciva	uscirà	uscì
noi	usciamo	uscivamo	usciremo	uscimmo
voi	uscite	uscivate	uscirete	usciste
loro	**escono**	uscivano	usciranno	uscirono
	● passato prossimo	● trapassato prossimo	● futuro anteriore	● trapassato remoto
io	sono uscito	ero uscito	sarò uscito	fui uscito
tu	sei uscito	eri uscito	sarai uscito	fosti uscito
lui	è uscito	era uscito	sarà uscito	fu uscito
noi	siamo usciti	eravamo usciti	saremo usciti	fummo usciti
voi	siete usciti	eravate usciti	sarete usciti	foste usciti
loro	sono usciti	erano usciti	saranno usciti	furono usciti

CONGIUNTIVO

	● presente	● imperfetto
io	**esca**	uscissi
tu	**esca**	uscissi
lui	**esca**	uscisse
noi	usciamo	uscissimo
voi	usciate	usciste
loro	**escano**	uscissero
	● passato	● trapassato
io	sia uscito	fossi uscito
tu	sia uscito	fossi uscito
lui	sia uscito	fosse uscito
noi	siamo usciti	fossimo usciti
voi	siate usciti	foste usciti
loro	siano usciti	fossero usciti

CONDIZIONALE

	● semplice
	uscirei
	usciresti
	uscirebbe
	usciremmo
	uscireste
	uscirebbero
	● composto
	sarei uscito
	saresti uscito
	sarebbe uscito
	saremmo usciti
	sareste usciti
	sarebbero usciti

IMPERATIVO

tu	**esci**
lui	**esca**
noi	usciamo
voi	uscite
loro	**escano**

GERUNDIO

● semplice
uscendo

● composto
essendo uscito

PARTICIPIO

● presente
uscente

● passato
uscito

VALERE

INDICATIVO

	• presente	• imperfetto	• futuro	• passato remoto
io	**valgo**	valevo	**varrò**	**valsi**
tu	vali	valevi	**varrai**	valesti
lui	vale	valeva	**varrà**	**valse**
noi	valiamo	valevamo	**varremo**	valemmo
voi	valete	valevate	**varrete**	valeste
loro	**valgono**	valevano	**varranno**	**valsero**
	• passato prossimo	• trapassato prossimo	• futuro anteriore	• trapassato remoto
io	sono **valso**	ero **valso**	sarò **valso**	fui **valso**
tu	sei **valso**	eri **valso**	sarai **valso**	fosti **valso**
lui	è **valso**	era **valso**	sarà **valso**	fu **valso**
noi	siamo **valsi**	eravamo **valsi**	saremo **valsi**	fummo **valsi**
voi	siete **valsi**	eravate **valsi**	sarete **valsi**	foste **valsi**
loro	sono **valsi**	erano **valsi**	saranno **valsi**	furono **valsi**

CONGIUNTIVO

	• presente	• imperfetto
io	**valga**	valessi
tu	**valga**	valessi
lui	**valga**	valesse
noi	valiamo	valessimo
voi	valiate	valeste
loro	**valgano**	valessero
	• passato	• trapassato
io	sia **valso**	fossi **valso**
tu	sia **valso**	fossi **valso**
lui	sia **valso**	fosse **valso**
noi	siamo **valsi**	fossimo **valsi**
voi	siate **valsi**	foste **valsi**
loro	siano **valsi**	fossero **valsi**

CONDIZIONALE

	• semplice
io	**varrei**
tu	**varresti**
lui	**varrebbe**
noi	**varremmo**
voi	**varreste**
loro	**varrebbero**
	• composto
io	sarei **valso**
tu	saresti **valso**
lui	sarebbe **valso**
noi	saremmo **valsi**
voi	sareste **valsi**
loro	sarebbero **valsi**

NOTE A PAG. 121

IMPERATIVO

tu	vali
lui	**valga**
noi	valiamo
voi	valete
loro	**valgano**

GERUNDIO

• semplice
valendo

• composto
essendo **valso**

PARTICIPIO

• presente
valente

• passato
valso

VEDERE

INDICATIVO

	● presente	● imperfetto	● futuro	● passato remoto
io	vedo	vedevo	**vedrò**	**vidi**
tu	vedi	vedevi	**vedrai**	vedesti
lui	vede	vedeva	**vedrà**	**vide**
noi	vediamo	vedevamo	**vedremo**	vedemmo
voi	vedete	vedevate	**vedrete**	vedeste
loro	vedono	vedevano	**vedranno**	**videro**

	● passato prossimo	● trapassato prossimo	● futuro anteriore	● trapassato remoto
io	ho **visto**	avevo **visto**	avrò **visto**	ebbi **visto**
tu	hai **visto**	avevi **visto**	avrai **visto**	avesti **visto**
lui	ha **visto**	aveva **visto**	avrà **visto**	ebbe **visto**
noi	abbiamo **visto**	avevamo **visto**	avremo **visto**	avemmo **visto**
voi	avete **visto**	avevate **visto**	avrete **visto**	aveste **visto**
loro	hanno **visto**	avevano **visto**	avranno **visto**	ebbero **visto**

CONGIUNTIVO

	● presente	● imperfetto
io	veda	vedessi
tu	veda	vedessi
lui	veda	vedesse
noi	vediamo	vedessimo
voi	vediate	vedeste
loro	vedano	vedessero

	● passato	● trapassato
io	abbia **visto**	avessi **visto**
tu	abbia **visto**	avessi **visto**
lui	abbia **visto**	avesse **visto**
noi	abbiamo **visto**	avessimo **visto**
voi	abbiate **visto**	aveste **visto**
loro	abbiano **visto**	avessero **visto**

CONDIZIONALE

● semplice
vedrei
vedresti
vedrebbe
vedremmo
vedreste
vedrebbero

● composto
avrei **visto**
avresti **visto**
avrebbe **visto**
avremmo **visto**
avreste **visto**
avrebbero **visto**

NOTE A PAG. 121

IMPERATIVO

tu	vedi
lui	veda
noi	vediamo
voi	vedete
loro	vedano

GERUNDIO

● semplice
vedendo

● composto
avendo **visto**

PARTICIPIO

● presente
vedente

● passato
visto/veduto

VENIRE

INDICATIVO

	● presente	● imperfetto	● futuro	● passato remoto
io	vengo	venivo	verrò	venni
tu	vieni	venivi	verrai	venisti
lui	viene	veniva	verrà	venne
noi	veniamo	venivamo	verremo	venimmo
voi	venite	venivate	verrete	veniste
loro	vengono	venivano	verranno	vennero

	● passato prossimo	● trapassato prossimo	● futuro anteriore	● trapassato remoto
io	sono venuto	ero venuto	sarò venuto	fui venuto
tu	sei venuto	eri venuto	sarai venuto	fosti venuto
lui	è venuto	era venuto	sarà venuto	fu venuto
noi	siamo venuti	eravamo venuti	saremo venuti	fummo venuti
voi	siete venuti	eravate venuti	sarete venuti	foste venuti
loro	sono venuti	erano venuti	saranno venuti	furono venuti

CONGIUNTIVO

	● presente	● imperfetto
io	venga	venissi
tu	venga	venissi
lui	venga	venisse
noi	veniamo	venissimo
voi	veniate	veniste
loro	vengano	venissero

	● passato	● trapassato
io	sia venuto	fossi venuto
tu	sia venuto	fossi venuto
lui	sia venuto	fosse venuto
noi	siamo venuti	fossimo venuti
voi	siate venuti	foste venuti
loro	siano venuti	fossero venuti

CONDIZIONALE

	● semplice	● composto
io	verrei	sarei venuto
tu	verresti	saresti venuto
lui	verrebbe	sarebbe venuto
noi	verremmo	saremmo venuti
voi	verreste	sareste venuti
loro	verrebbero	sarebbero venuti

NOTE A PAG. 122

IMPERATIVO

tu	vieni
lui	venga
noi	veniamo
voi	venite
loro	vengano

GERUNDIO

● semplice
venendo

● composto
essendo venuto

PARTICIPIO

● presente
(veniente)

● passato
venuto

VINCERE

INDICATIVO

	• presente	• imperfetto	• futuro	• passato remoto
io	vinco	vincevo	vincerò	**vinsi**
tu	vinci	vincevi	vincerai	vincesti
lui	vince	vinceva	vincerà	**vinse**
noi	vinciamo	vincevamo	vinceremo	vincemmo
voi	vincete	vincevate	vincerete	vinceste
loro	vincono	vincevano	vinceranno	**vinsero**

	• passato prossimo	• trapassato prossimo	• futuro anteriore	• trapassato remoto
io	ho **vinto**	avevo **vinto**	avrò **vinto**	ebbi **vinto**
tu	hai **vinto**	avevi **vinto**	avrai **vinto**	avesti **vinto**
lui	ha **vinto**	aveva **vinto**	avrà **vinto**	ebbe **vinto**
noi	abbiamo **vinto**	avevamo **vinto**	avremo **vinto**	avemmo **vinto**
voi	avete **vinto**	avevate **vinto**	avrete **vinto**	aveste **vinto**
loro	hanno **vinto**	avevano **vinto**	avranno **vinto**	ebbero **vinto**

CONGIUNTIVO

	• presente	• imperfetto
io	vinca	vincessi
tu	vinca	vincessi
lui	vinca	vincesse
noi	vinciamo	vincessimo
voi	vinciate	vinceste
loro	vincano	vincessero

	• passato	• trapassato
io	abbia **vinto**	avessi **vinto**
tu	abbia **vinto**	avessi **vinto**
lui	abbia **vinto**	avesse **vinto**
noi	abbiamo **vinto**	avessimo **vinto**
voi	abbiate **vinto**	aveste **vinto**
loro	abbiano **vinto**	avessero **vinto**

CONDIZIONALE

	• semplice
io	vincerei
tu	vinceresti
lui	vincerebbe
noi	vinceremmo
voi	vincereste
loro	vincerebbero

	• composto
io	avrei **vinto**
tu	avresti **vinto**
lui	avrebbe **vinto**
noi	avremmo **vinto**
voi	avreste **vinto**
loro	avrebbero **vinto**

NOTE A PAG. 122

IMPERATIVO

tu	vinci
lui	vinca
noi	vinciamo
voi	vincete
loro	vincano

GERUNDIO

• semplice
vincendo

• composto
avendo **vinto**

PARTICIPIO

• presente
vincente

• passato
vinto

VIVERE

INDICATIVO

	● presente	● imperfetto	● futuro	● passato remoto
io	vivo	vivevo	**vivrò**	**vissi**
tu	vivi	vivevi	**vivrai**	vivesti
lui	vive	viveva	**vivrà**	**visse**
noi	viviamo	vivevamo	**vivremo**	vivemmo
voi	vivete	vivevate	**vivrete**	viveste
loro	vivono	vivevano	**vivranno**	**vissero**

	● passato prossimo	● trapassato prossimo	● futuro anteriore	● trapassato remoto
io	sono **vissuto**	ero **vissuto**	sarò **vissuto**	fui **vissuto**
tu	sei **vissuto**	eri **vissuto**	sarai **vissuto**	fosti **vissuto**
lui	è **vissuto**	era **vissuto**	sarà **vissuto**	fu **vissuto**
noi	siamo **vissuti**	eravamo **vissuti**	saremo **vissuti**	fummo **vissuti**
voi	siete **vissuti**	eravate **vissuti**	sarete **vissuti**	foste **vissuti**
loro	sono **vissuti**	erano **vissuti**	saranno **vissuti**	furono **vissuti**

CONGIUNTIVO

	● presente	● imperfetto
io	viva	vivessi
tu	viva	vivessi
lui	viva	vivesse
noi	viviamo	vivessimo
voi	viviate	viveste
loro	vivano	vivessero

	● passato	● trapassato
io	sia **vissuto**	fossi **vissuto**
tu	sia **vissuto**	fossi **vissuto**
lui	sia **vissuto**	fosse **vissuto**
noi	siamo **vissuti**	fossimo **vissuti**
voi	siate **vissuti**	foste **vissuti**
loro	siano **vissuti**	fossero **vissuti**

CONDIZIONALE

	● semplice
io	**vivrei**
tu	**vivresti**
lui	**vivrebbe**
noi	**vivremmo**
voi	**vivreste**
loro	**vivrebbero**

	● composto
io	sarei **vissuto**
tu	saresti **vissuto**
lui	sarebbe **vissuto**
noi	saremmo **vissuti**
voi	sareste **vissuti**
loro	sarebbero **vissuti**

NOTE A PAG. 122

IMPERATIVO

tu	vivi
lui	viva
noi	viviamo
voi	vivete
loro	vivano

GERUNDIO

● semplice
vivendo

● composto
essendo **vissuto**

PARTICIPIO

● presente
vivente

● passato
vissuto

VOLERE

INDICATIVO

	• presente	• imperfetto	• futuro	• passato remoto
io	**voglio**	volevo	**vorrò**	**volli**
tu	**vuoi**	volevi	**vorrai**	volesti
lui	**vuole**	voleva	**vorrà**	**volle**
noi	**vogliamo**	volevamo	**vorremo**	volemmo
voi	volete	volevate	**vorrete**	voleste
loro	**vogliono**	volevano	**vorranno**	**vollero**

	• passato prossimo	• trapassato prossimo	• futuro anteriore	• trapassato remoto
io	ho voluto	avevo voluto	avrò voluto	ebbi voluto
tu	hai voluto	avevi voluto	avrai voluto	avesti voluto
lui	ha voluto	aveva voluto	avrà voluto	ebbe voluto
noi	abbiamo voluto	avevamo voluto	avremo voluto	avemmo voluto
voi	avete voluto	avevate voluto	avrete voluto	aveste voluto
loro	hanno voluto	avevano voluto	avranno voluto	ebbero voluto

CONGIUNTIVO

	• presente	• imperfetto
io	**voglia**	volessi
tu	**voglia**	volessi
lui	**voglia**	volesse
noi	**vogliamo**	volessimo
voi	**vogliate**	voleste
loro	**vogliano**	volessero

	• passato	• trapassato
io	abbia voluto	avessi voluto
tu	abbia voluto	avessi voluto
lui	abbia voluto	avesse voluto
noi	abbiamo voluto	avessimo voluto
voi	abbiate voluto	aveste voluto
loro	abbiano voluto	avessero voluto

CONDIZIONALE

	• semplice
io	**vorrei**
tu	**vorresti**
lui	**vorrebbe**
noi	**vorremmo**
voi	**vorreste**
loro	**vorrebbero**

	• composto
io	avrei voluto
tu	avresti voluto
lui	avrebbe voluto
noi	avremmo voluto
voi	avreste voluto
loro	avrebbero voluto

NOTE A PAG. 122

IMPERATIVO

tu	(**vogli**)
lui	**voglia**
noi	**vogliamo**
voi	**vogliate**
loro	**vogliano**

GERUNDIO

• semplice
volendo

• composto
avendo voluto

PARTICIPIO

• presente
volente

• passato
voluto

NOTE

Verbi in ~ARE. Modello **amare**, tr (ho amato). Solo la coniugazione in ~are è ancora attiva in italiano, i nuovi verbi, quindi, sono tutti di questo gruppo. Per esempio da fax viene faxare.

Verbi in ~ERE. Modello **credere**, tr (ho creduto). Al passato remoto si possono avere due forme: quella in -EI (preferita dai verbi in ~TERE come potere - potei) e quella in -ETTI (preferita dagli altri verbi come credere - credetti). Molti verbi usano indifferentemente entrambe le forme.

concernere, tr Difettivo del participio passato e del passato remoto.
convergere, intr Difettivo del participio passato e del passato remoto.
delinquere, intr Difettivo del participio passato e del passato remoto.
dirimere, tr Difettivo del participio passato e del passato remoto.
discernere, intr Difettivo del participio passato e del passato remoto.
divergere, intr Difettivo del participio passato.
esimere, tr Difettivo del participio passato.
fervere, intr Difettivo del participio passato.
incombere, intr Difettivo del participio passato.
inerire, intr Difettivo del participio passato.
lucere, intr Difettivo del participio passato.
pendere, intr Difettivo del participio passato.
plaudere, tr Difettivo del participio passato.
prudere, intr Difettivo del participio passato.
rilucere, intr Difettivo del participio passato.
risplendere, intr Difettivo del participio passato.
scernere, intr Difettivo del participio passato.
soccombere, intr Difettivo del participio passato.
splendere, intr Raro il participio passato.
stridere, intr Difettivo del participio passato.
suggere, tr Difettivo del participio passato.
tangere, tr Difettivo del participio passato e del passato remoto. Usato solo in III persona.
urgere, tr e intr Difettivo del participio passato e del passato remoto.
vertere, intr Difettivo del participio passato.
vigere, intr Difettivo del participio passato.

Verbi in ~IRE. Modello **seguire**, tr (ho seguito). Questi verbi non sono numerosi. Molto più consistente è il gruppo in ~ISCO (modello "finire", vedi). Tra i verbi in ~IRE presenta una particolarità, solo di tipo fonetico, la "i" del verbo **cucire** davanti alle desinenze in -o e in -a, per mantenere il suono palatale "c" (cucio, cuciono).

dormire, intr e tr (ho dormito). Al participio presente "dormiente".

Verbi come FINIRE, tr (ho finito). Questi verbi del terzo gruppo sono da considerare regolari e vengono anche detti verbi in ~isco (io finisco).

disubbidire, intr (ho disubbidito). Al participio presente "disubbidiente".
esaurire, intr (ho esaurito). Al participio presente "esauriente".
inerire, intr Difettivo del participio presente.
partorire, intr e tr (ho partorito). Al participio presente "partoriente".
ubbidire, intr. (ho ubbidito). Al participio presente "ubbidiente".

Verbi in ~CARE o ~GARE. Modello **giocare**, tr (ho giocato). Questi verbi davanti a desinenza in "e" o "i" assumono una "h" per ragioni fonetiche (tu giochi).

Verbi in ~DERE. Modello **ridere**, intr (ho riso). Non fanno parte di questo gruppo verbi come "chiedere" e "richiedere" (vedi), "spandere" e "espandere" (vedi) e verbi con accento sulla

NOTE

penultima sillaba come cadére; fa invece parte di questo gruppo (nonostante l'accento sulla penultima sillaba) il verbo "suadére" con i suoi composti "dissuadére", "persuadére".

arridere, intr (ha arriso). Normalmente in III persona.
assidersi, intr (mi sono assiso). Verbo di uso letterario.
coincidere, intr (ha coinciso). Di norma in III persona.
collidere, intr (ho colliso). Rari i tempi composti.
colludere, tr (ho colluso). Rari i tempi composti.
conchiudere, tr (ho conchiuso). Raro.
conquidere, tr (ho conquiso). Raro.
demordere, intr (ho demorso). Rarissimo l'uso di participio passato e tempi composti.
esplodere, tr e intr (ho esploso un colpo; la bomba è esplosa).
estrudere, (ho estruso). Raro.
evadere, tr e intr (ho evaso le tasse; sono evaso di prigione).
implodere, intr (è imploso). Di norma in III persona.
perdere, tr (ho perso; ho perduto).
preludere, tr (ha preluso). Spesso in III persona.
rimordere, intr (ha rimorso). Usato in III persona.
sperdere, tr (ho sperso; ha sperduto). Spesso nella forma riflessiva "sperdersi" (mi sono sperso/sperduto).
suadere, tr (ho suaso). Raro l'uso di participio passato e tempi composti.

Verbi in ~DURRE
Modello **addurre**, tr (ho addotto). I verbi in ~DURRE vengono da una base latina in ~DUCERE (per esempio "conducere, introducere, producere, traducere" ecc.). Quasi tutti i tempi italiani si formano su questa base. Le forme del futuro e del condizionale sono contratte.

Verbi in ~ENDERE
Modello **spendere**, tr (ho speso).

accendere, tr (ho acceso). Raro il participio presente.
arrendersi, rifl (mi sono arreso). Raro il participio presente.
ascendere, tr e intr (ho asceso una montagna; sono asceso al trono).
discendere, tr e intr (ho disceso la china; sono disceso a valle).
offendere, tr (ho offeso). Raro il participio presente.
propendere, intr (ho propeso). Al passato remoto sono più frequenti le forme regolari (propendei).
rapprendere, tr e intr (ho rappreso; è rappreso) Più usata la forma riflessiva (si è rappreso).
scendere, tr e intr (ha sceso le scale; è sceso in strada).
trascendere, tr e intr (ho trasceso la regola; nel litigare ho trasceso).
vilipendere, tr (ho vilipeso) Raro il participio presente.

Verbi in ~ERGERE
Modello **tergere**, tr (ho terso). Raro l'uso dei tempi composti.

astergere, tr (ho asterso). Verbo usato raramente.
convergere, tr (ho converso). Rarissimo l'uso di participio passato e tempi composti.
detergere, tr (ho deterso). Rarissimo l'uso di participio passato e tempi composti.

Verbi in ~ETTERE
Modello **annettere**, tr (ho annesso). Raro il participio presente per tutti i verbi di questo tipo.

Verbi in ~GERE
Modello **giungere** (sono giunto).

ergere, tr (ho erto). Passato remoto e tempi composti sono di uso letterario.
mingere, tr Privo del participio passato.

Verbi in ~IARE(1)
Modello **cambiare** (ho cambiato). In questi verbi, davanti alla "i" della desinenza, la "i" della radice cade; cambiare: tu

NOTE

cambi, noi cambiamo. Alcune eccezioni appartengono alla famiglia ~iare (2) (vedi).

Verbi in ~IARE(2). Modello **sciare**, tr (ho sciato). Davanti a una "i" della desinenza, la "i" della radice cade nella I e II persona plurale (noi sciamo, voi sciate) ma la 'i" resta nella II persona singolare (tu scii).

Verbi in ~IGERE. Modello **dirigere**, tr (ho diretto).

negligere, tr (ho negletto). Difettivo di indicativo presente, congiuntivo presente e imperativo.

Verbi in ~PARIRE. Modello **apparire,** int (sono apparso). Attenzione: il verbo "sparire" non fa parte di questo gruppo ma del gruppo dei verbi in -ISCO come "finire", (vedi). Per gli altri verbi le forme in -ISCO esistono ma l'uso è raro.

trasparire, intr (è trasparito). Il participio passato è regolare: "trasparito". Il verbo si usa soprattutto in III persona. Il passato remoto si forma più frequentemente nelle forme regolari (traspari, trasparì).

Verbi in ~SISTERE. Modello **esistere**, int (sono esistito).

coesistere, intr (ho coesistito; sono coesistito).
consistere, intr (è consistito). Usato specialmente in III persona.
preesistere, intr (è preesistito). Usato specialmente in III persona.
sussistere, intr (è sussistito). Usato in III persona, raramente nei tempi composti.

Verbi in ~SOLVERE. Modello **assolvere**, tr (ho assolto).

risolvere, tr (ho risolto). Il participio passato del riflessivo "risolversi" è "risoluto" (mi sono risoluto).

Verbi come ANDARE, intr (sono andato). La I persona del presente indicativo (io vado) sopravvive ancora in Toscana nella forma antica: "io vo". All'imperativo "va" la consonante iniziale dell'eventuale pronome assimilato raddoppia (per esempio "vacci", "vallo" ecc.).

riandare, intr (sono riandato). La III persona del presente indicativo è accentata (lui rivà).

Verbi come APRIRE, tr (ho aperto). Coniugazione simile a quella di "coprire" e "offrire" (vedi).

Verbi come AVERE, tr (ho avuto).

riavere, tr (ho riavuto). Nelle forme del presente non c'è la "h". La I e la III persona del presente sono accentate (riò, riai, rià).

Verbi come BERE, tr (ho bevuto). L'infinito è irregolare: le altre forme sono regolari su base latina del verbo "bevere" ma sono irregolari il passato remoto e, con forme contratte, il futuro (berrò) e condizionale (berrei).

imbevere, tr (ho imbevuto). Come bere, ma con infinito che mantiene la forma "bevere".

Verbi come CADERE, intr (sono caduto).

accadere, impersonale (è accaduto). Participio presente raro.
scadere, intr (è scaduto). Normalmente usato in III persona.

CALERE, impersonale. Si usa quasi esclusi-

NOTE

vamente al presente indicativo. Usato solo in III persona. Manca di participio passato, imperativo, futuro, condizionale, gerundio e participio presente.

Verbi come CHIEDERE, tr (ho chiesto). Diverso da gran parte del gruppo dei verbi in ~DERE perché ha il participio passato in ~sto.

Verbi come COMPIERE, tr (ho compiuto).

empiere, tr Privo del participio passato, utilizza "ho empito" (da "empire").

riempiere, tr Privo del participio passato, utilizza "ho riempito" (da "riempire").

Verbi come CONCEDERE, tr (ho concesso). Diverso da altri composti del verbo «cedere» (che sono regolari), perché ha passato remoto e participio passato irregolare. Vedi anche "succedere" e "retrocedere" che hanno invece sia la forma regolare che quella irregolare.

Verbi come CONOSCERE, tr (ho conosciuto). Coniugazione simile a quella del verbo "crescere" (vedi).

Verbi come COPRIRE, tr (ho coperto). Gruppo simile a quello di di "aprire" e "offrire".

Verbi come CORRERE, tr e intr (ho corso un rischio; sono corso a casa).

decorrere, intr (è decorso). Usato solo in terza persona per lo più riferito al tempo.

intercorrere, intr (è intercorso) Usato solo in terza persona, per lo più riferito al tempo.

occorrere, intr (sono occorso). Usato spesso nella forma impersonale.

scorrere, tr e intr (ho scorso il giornale; il sangue è scorso). Come intransitivo è usato spesso in III persona.

trascorrere, tr e intr (ho trascorso le vacanze; il tempo è trascorso). Come intransitivo è usato spesso in III persona.

Verbi come CRESCERE, tr e intr (ho cresciuto qualcuno; io sono cresciuto). Come transitivo ha il senso di "allevare". Come intransitivo ha il senso di "diventare grande". Coniugazione simile a quella di "conoscere" (vedi).

accrescere, tr e intr (ho accresciuto il rischio; le possibilità sono accresciute). Come intransitivo è usato spesso in III persona.

decrescere, intr (è decresciuto). Usato specialmente in III persona.

rincrescere, intr (è rincresciuto). Usato solo in III persona.

Verbi come CUOCERE, tr (ho cotto). Il verbo "cuocere" può perdere la "u" nel dittongo "uo" in diverse forme della coniugazione. Nel participio presente la caduta della "u" è obbligatoria. Per l'alternanza fra il dittongo "uo" e la vocale "o" vedi anche "dolere", "muovere" "nuocere".

scuocere, tr (ho scotto). Più frequente il riflessivo "scuocersi" usato in III persona (si è scotto).

Verbi come DARE, tr (ho dato). L'imperativo "da'" provoca il raddoppiamento della consonante iniziale dell'eventuale pronome assimilato ("dallo", "dacci", "dammela").

ridare, tr (ho ridato). Alla I persona singolare del presente indicativo prende l'accento (ridó).

NOTE

Verbi come <u>DIRE</u>, tr (ho detto). Verbo della II coniugazione (gruppo in ~ERE). La maggior parte dei tempi si forma su base DIC- (dal latino "dicere"). L'imperativo "di'" provoca il raddoppiamento della consonante iniziale dell'eventuale pronome assimilato (es. dillo, dallo, dimmelo, dicci ecc.) Attenzione: gran parte dei verbi con l'infinito in ~DIRE non sono composti del verbo DIRE, ma per lo più verbi della III coniugazione del gruppo in ~ISCO (come condire, impedire, inorridire, ecc). Composti del verbo DIRE sono solo:

addire, tr (ho addetto). Imperativo II persona singolare: "addici". Il riflessivo "addirsi" è difettivo di participio passato e passato remoto.
benedire, tr (ho benedetto). Imperativo II persona singolare: "benedici".
contraddire, tr (ho contraddetto). Imperativo II persona singolare: "contraddici".
disdire, tr (ho disdetto). Imperativo II persona singolare: "disdici".
indire, tr (ho indetto). Imperativo II persona singolare: "indici".
interdire, tr (ho interdetto). Imperativo II persona singolare: "interdici".
maledire, tr (ho maledetto). Imperativo II persona singolare: "maledici"
predire, tr (ho predetto). Imperativo II persona singolare: "predici".
stramaledire, tr (ho stramaledetto). Imperativo II persona singolare: "stramaledici".

<u>DISCUTERE</u>, tr (ho discusso) Coniugazione simile a quella del verbo "incutere" (vedi).

Verbi come <u>DISTINGUERE</u>, tr (ho distinto). Coniugazione simile a quella del verbo "estinguere" (vedi).

<u>DOLERE</u>, intr (ha doluto). Usato normalmente in III persona. Più frequente l'uso del riflessivo "dolersi". Per l'alternanza fra il dittongo "uo" e la vocale "o" vedi anche i verbi "cuocere", "muovere" e "scuotere".

<u>DOVERE</u>, tr (ho dovuto). Nelle forme in cui "dovere" accompagna l'infinito di un verbo con ausiliare "essere" (tipo: devo andare), prende l'ausiliare "essere" (sono dovuto andare). Tuttavia anche in questo caso l'ausiliare "avere" è tollerato (ho dovuto andare).

Verbi come <u>ESIGERE</u>, tr (ho esatto). Questo gruppo di verbi (esigere, redigere e transigere) si differenzia dagli altri verbi in ~IGERE perché ha il passato remoto regolare e il participio passato in ~atto. Il participio passato "esatto" si usa solo nel linguaggio burocratico.

redigere, tr (ho redatto). Passato remoto "redassi".
transigere, tr (ho transatto). Non usati participio passato e tempi composti.

Verbi come <u>ESSERE</u>, intr (sono stato).

riessere, intr (sono ristato). Nella forma del passato remoto "rifù" è accentato.

<u>ESTINGUERE</u>, tr (ho estinto). Coniuga-zione simile a quella del verbo "distinguere" (vedi).

Verbi come <u>FARE</u>, tr (ho fatto). Sopravvive ancora la forma "io fo" nel presente indicativo. L'imperativo "fa'" provoca il raddoppiamento della consonante iniziale dell'eventuale pronome assimilato (per esempio: "fallo").

assuefare, tr (ho assuefatto). Più frequente il riflessivo "assuefarsi". III persona del presente

NOTE

indicativo "assuefà", con accento. L'imperativo non provoca raddoppiamento se l'accento tonico viene portato sulla "e": assuèfati.

confarsi, rifl (mi sono confatto). Raramente usati il participio passato e i tempi composti. III persona del presente indicativo "confà", con accento. Raddoppiamento consonantico nell'imperativo con pronome: "confatti".

contraffare, tr (ho contraffatto). III persona del presente indicativo "rifà", con accento. Raddoppiamento consonantico nell'imperativo con pronome: "contraffallo".

disfare, tr (ho disfatto). Oltre alla coniugazione simile a quella di tutti gli altri composti di fare, dispone anche di una coniugazione autonoma e regolare. Se viene coniugato come composto di fare, allora, come gli altri, ha l'accento nella III persona del presente indicativo (disfà) e provoca raddoppiamento consonantico nel pronome assimilato all'imperativo ("disfallo").

liquefare, tr (ho liquefatto). III persona del presente indicativo "liquefà", con accento. Raddoppiamento consonantico nell'imperativo con pronome: "liquefallo".

rarefare, tr (ho rarefatto). III persona del presente indicativo "rarefà", con accento. Raddoppiamento consonantico nell'imperativo con pronome: "rarefallo".

rifare, tr (ho rifatto). III persona del presente indicativo "rifà", con accento. Raddoppiamento consonantico nell'imperativo con pronome: "rifallo".

soddisfare, tr (ho soddisfatto). Oltre alla coniugazione simile a quella di tutti gli altri compo-sti di fare, dispone anche di una coniugazione autonoma e regolare. Coniugato come composto di fare prende l'accento nella III persona del presente indicativo ("soddisfà", raro) e provoca raddoppiamento consonantico nel pronome assimilato all'imperativo ("soddisfallo", raro).

sopraffare, tr (ho sopraffatto). III persona del presente indicativo "sopraffà", con accento. Raddoppiamento consonantico nell'imperativo con pronome: "sopraffallo".

strafare, tr (ho strafatto). III persona del presente indicativo "strafà", con accento. Improbabile l'uso di imperativo con pronome; nel caso c'è il raddoppiamento consonantico: "strafatti".

stupefare, tr (ho stupefatto). III persona del presente indicativo "stupefà", con accento. Raddoppiamento consonantico nell'imperativo con pronome: "stupefallo".

torrefare, tr (ho torrefatto). III persona del presente indicativo "torrefà", con accento. Raddoppiamento consonantico nell'imperativo con pronome: "torrefallo".

tumefare, tr (ho tumefatto). III persona del presente indicativo "tumefà", con accento. Raddoppiamento consonantico nell'imperativo con pronome: "tumefallo".

Verbi come FULGERE, intr. Manca del participio passato. Coniugazione simile a quella dei verbi in ~GERE (vedi).

rifulgere, intr (sono rifulso).

GIACERE, intr (ho giaciuto). Coniugazione simile ai verbi "piacere" e "tacere" (vedi).

INCUTERE, tr (ho incusso). Coniugazione simile a quella del verbo "discutere" (vedi).

INFERIRE, tr (ho inferito/inferto). Le forme regolari si usano quando inferire significa "trarre una deduzione", "considerare"; le forme irregolari quando significa "infliggere".

Verbi come METTERE, tr (ho messo).

NOTE

intromettere, tr (ho intromesso). Più frequente la forma riflessiva "intromettersi".

MUOVERE, tr (ho mosso). Come "cuocere", "nuocere" e "percuotere" può ridurre, in molti casi, il dittongo "uo" in "o". L'uso è però molto raro.

NASCONDERE, tr (ho nascosto). Coniugazione simile a quella del verbo "rispondere" (vedi).

NUOCERE, intr (ho nuociuto). Come "cuocere", "muovere" e "percuotere" può ridurre, in molti casi, il dittongo "uo" in "o". L'uso è però molto raro.

OFFRIRE, tr (ho offerto). Coniugazione simile a quella di "aprire" e "coprire" (vedi).

Verbi come PERCUOTERE, tr (ho percosso). Coniugazione simile a quella del verbo "scuotere" (vedi).

ripercuotere, tr (ho ripercosso) Più usato nella forma riflessiva "ripercuotersi", specialmente in III persona (si è ripercosso).

PERMANERE, intr Coniugazione simile a quella del verbo "rimanere" (vedi). Rarissimo il participio passato "permaso" o "permanso".

Verbi come PIACERE, intr (è piaciuto). Coniugazione simile a quella dei verbi "giacere" e "tacere" (vedi).

compiacere, intr (ho compiaciuto). Più usata la forma riflessiva "compiacersi" (mi sono compiaciuto).

Verbi come PIOVERE, intr e impersonale (è piovuto; ha piovuto). Normalmente usato in III persona singolare; può essere usato nelle altre persone con senso figurato nel significato di "arrivare all'improvviso", oppure "arrivare in massa" (come le gocce di pioggia). Per es.: Durante la guerra piovevano colpi di fucile; non vi aspettavo a cena, siete piovuti qui all'improvviso.

spiovere, impers (è spiovuto; ha spiovuto). Come "piovere" ma usato esclusivamente in III persona singolare.

Verbi come PORRE, tr (ho posto). Verbo della II coniugazione (gruppo in ~ERE). Quasi tutte le forme si costruiscono sulla base latina (PONERE).

decomporre, tr (ho decomposto). Più frequente la forma riflessiva "decomporsi".

Verbi come POTERE, tr (ho potuto). Nelle forme in cui "potere" accompagna l'infinito di un verbo con ausiliare "essere" (tipo: posso andare), prende l'ausiliare "essere" (sono potuto andare). Tuttavia anche in questo caso l'ausiliare "avere" è tollerato (ho potuto andare).

RETROCEDERE, tr e intr (ho retrocesso/retroceduto); (sono retrocesso/retroceduto). A differenza di altri composti del verbo "cedere" che sono regolari, questo verbo ha passato remoto e participio passato sia nella forma regolare (retroceduto, retrocedei) che quella irregolare (retrocesso, retrocessi). Coniugazione simile a quella di "succedere" (vedi).

RIFLETTERE, tr e intr (ho riflettuto/riflesso). Nel significato di "pensare", "meditare", il verbo riflettere è intransitivo e segue la coniugazione regolare (passato remoto: "riflettei"; participio

NOTE

passato: "riflettuto"). Nel significato di "dare un riflesso" il verbo "riflettere" è transitivo (riflettere un'immagine) e può seguire sia la coniugazione regolare (riflettei, riflettuto) che quella irregolare (riflessi, riflesso).

RIFRANGERE, tr (ho rifranto/rifratto). Nel senso più comune di "provocare una rifrazione di immagine", tipico del linguaggio della fisica, il participio passato è "rifratto"; in altri sensi il verbo rifrangere segue la normale coniugazione dei verbi in ~GERE (vedi).

Verbi come RISPONDERE, tr (ho risposto). Coniugazione simile a quella di "nascondere" (vedi).

Verbi come ROMPERE, tr (ho rotto).

dirompere, intr (ho dirotto). Raro il participio passato.
erompere, intr (ho erotto). Raro il participio passato.
irrompere, intr Difettivo di participio passato.

Verbi come SALIRE, tr e intr (ho salito le scale; sono salito sul tavolo). Al participio passato, con cambiamento di significato, ha anche la forma "saliente".

assalire, tr (ho assalito). Questo verbo presenta anche una coniugazione come i verbi in ~ISCO. Pass. remoto ("assalii" o, raramente, "assalsi").
risalire, tr e intr (ho risalito la china; sono risalito in vetta).
trasalire, intr (ho trasalito e sono trasalito).

Verbi come SAPERE, tr (ho saputo). Nelle forme in cui "sapere" accompagna l'infinito di un verbo con ausiliare "essere" (tipo: so andare), può prendere l'ausiliare "essere" (sono saputo andare), ma preferisce "avere" (ho saputo andare).
risapere, tr (ho risaputo). La III persona del presen-te indicativo va scritta accentata (risà).

Verbi come SCINDERE, tr (ho scisso).

prescindere, tr (ho prescisso). Il passato remoto è regolare (prescindei/prescindetti, prescindesti, prescindé/prescindette, prescindemmo, prescindeste, prescinderono/prescindettero). Raro l'uso del participio passato "prescisso".

SCUOTERE, tr (ho scosso). Coniugazione simile a quella di "percuotere" (vedi). In molte forme è possibile (ma usata raramente) la riduzione del dittongo "uo" nella vocale "o".

SECERNERE, tr (ho secreto). Usato specialmente in III persona.

Verbi come SEDERE, intr (ho seduto). Usato specialmente nella forma riflessiva "sedersi".

soprassedere, intr (ho soprasseduto). Si coniuga come "sedere" e "possedere", ma non ha le forme in segg- (come seggo, segga, seggono, seggano).
possedere, tr (ho posseduto). Participio presente "possidente".

Verbi come SEPPELLIRE, tr (ho seppellito/sepolto). Non usato il participio presente.

SOLERE, intr. Difettivo di futuro, condizionale, imperativo, participio presente e passato.

SPEGNERE, tr (ho spento). Vedi anche le forme di SPENGERE fra i verbi in ~GERE.

NOTE

SUCCEDERE, intr e impersonale (sono succeduto/è successo). "Succedere" ha due significati: 1) "Accadere" e quando è usato in questo senso è impersonale e usa normalmente le forme irregolari (per es.: un giorno è successo questo; un giorno successe questo). 2) "Venire dopo, subentrare" e in questo senso usa normal-mente le forme regolari (per es.: La regina Elisabetta è succeduta alla regina Vittoria; la regina Elisabetta succedette alla regina Vittoria).

Verbi come TACERE, intr (ho taciuto).
Coniugazione simile a quella del verbo "piacere" e "giacere" (vedi).

sottacere, tr (ho sottaciuto). All'indicativo presente preferisce "sottaciamo" con una sola "c".

Verbi come TENERE, tr (ho tenuto).
Come nel verbo "venire", l'imperativo di II persona (tieni), quando assimila un pronome enclitico, può provocare la perdita della vocale "i": tienici/tienci; tienilo/tienlo; tienimi/tiemmi, ecc. Questo uso è frequente nel verbo tenere (e nei suoi composti) specialmente nella forma riflessiva (tienti/tieniti).

appartenere, intr (sono appartenuto; ho appartenuto).
astenersi, rifl (mi sono astenuto). La II persona dell'imperativo (astieni), quando assimila un pronome, può perdere la "i" finale: astienti/astieniti.
attenere, tr (ha attenuto). Usato specialmente in III persona. Raro l'uso del participio passato e di tutte le forme composte. La II persona dell'imperativo (attieni), quando assimila un pronome, può perdere la "i" finale: attienti/attieniti.
intrattenere, tr (ho intrattenuto). La II persona dell'imperativo (intrattieni), quando assimila un pronome, può perdere la "i" finale: intrattienti, intrattienlo ecc./intrattieniti, intrattienilo ecc.
mantenere, tr (ho mantenuto). La II persona dell'imperativo (mantieni), quando assimila un pronome, può perdere la "i" finale: mantienti/mantieniti.
ritenere, tr (ho ritenuto). La II persona dell'imperativo (ritieni), quando assimila un pronome, può perdere la "i" finale: ritienti, ritienlo ecc./ritieniti, ritienilo ecc.

Verbi come TORCERE, tr (ho torto).

ritorcere, tr (ho ritorto). Più usata la forma riflessiva "ritorcersi".

UDIRE, tr (ho udito). Nel futuro e nel condizionale esistono le forme sincopate ma sono poco usate.

Verbi come VALERE, intr (è valso).

equivalere, intr (sono equivalsi). Normalmente usato al plurale.

Verbi come VEDERE, tr (ho visto/veduto).
Il verbo "vedere" ha il doppio participio passato (visto/veduto) e le forme di futuro e condizionale contratte (vedrò, vedrai, vedrà; vedrei, vedresti, vedrebbe). I composti di vedere, in molti casi hanno solo un participio passato e il futuro e il condizionale nella forma non contratta.

avvedersi, tr (mi sono avveduto). Futuro e condizionale in forma contratta come vedere (avvedrò, avvedrai, avvedrà; avvedrei avvedresti, avvedrebbe).

NOTE

intravedere, tr (ho intravisto/intraveduto). Futuro e condizionale preferiscono le forme NON contratte (intravederò, intravederai, intravederà; intravederei, intravederesti, intravederebbe).

prevedere, tr (ho previsto/preveduto). Raro il participio passato "preveduto". Futuro e condi-zionale preferiscono le forme NON contratte (prevederò, prevederai, prevederà; prevederei, prevederesti, prevederebbe).

provvedere, tr (ho provvisto/provveduto). Il participio passato "provvisto" è usato spe-cialmente nei tempi composti del riflessivo "provvedersi", nel senso di "munirsi, attrezzarsi" (per es.: per andare in montagna mi sono provveduto di scarponi). Il participio passato "provveduto" si usa quando il verbo ha il senso di "avere cura, prendere un provvedimento" (ho provveduto a fare quello che hai detto). Futuro e condizionale preferiscono le forme NON contratte (provvederò, provvederai, provvederà; provvederei, provvederesti, provvederebbe).

ravvedersi, tr (mi sono ravveduto). Futuro e condizionale hanno anche la forma regolare NON contratta (ravvederò, ravvederai, ravvederà; ravvederei, ravvederesti, ravvederebbe).

rivedere, tr (ho rivisto/riveduto). Doppio participio, futuro e condizionale sincopato, come "vedere".

stravedere, tr (ho stravisto/straveduto). Raro il participio passato "straveduto". Futuro e condizionale preferiscono le forme NON contratte (stravederò, stravederai, stravederà; stravederei, stravederesti, stravederebbe).

Verbi come <u>VENIRE</u>, intr (sono venuto).

Come nel verbo "tenere", l'imperativo di II persona (vieni), quando assimila un pronome enclitico, può provocare la perdita della vocale "i": vienici/vienci; vienilo/vienlo; vienimi/viemmi ecc.

avvenire, impers (è avvenuto).
convenire, impers (è convenuto).
divenire, intr/copulativo (sono divenuto).
sovvenire, intr (è sovvenuto). Normalmente usato in III persona.
svenire, intr (sono svenuto). Futuro e condizionale NON usano la forma sincopata ma quella regolare (svenirò, svenirai, svenirà; svenirei, sveniresti, svenirebbe, ecc.).

Verbi come <u>VINCERE</u>, tr (ho vinto).
Coniugazione simile al verbo "torcere" (vedi).

Verbi come <u>VIVERE</u>, tr e intr (ho vissuto; sono vissuto). Usa indifferentemente l'ausiliare "essere" o "avere".

convivere, intr (ho convissuto; sono convissuto). Usa indifferentemente l'ausiliare "essere" o "avere". Nel futuro ha anche le forme regolari (convivrò).

sopravvivere, intr (ho sopravvissuto; sono sopravvissuto). Usa indifferentemente l'ausiliare "essere" o "avere". Nel futuro ha anche le forme regolari (sopravviverò)

<u>VOLERE</u>, tr (ho voluto). Nelle forme in cui "volere" accompagna l'infinito di un verbo con ausiliare "essere" (tipo: voglio andare), prende l'ausiliare "essere" (sono voluto andare). Tuttavia anche in questo caso l'ausiliare "avere" è tollerato (ho voluto andare).

LISTA DEI VERBI ITALIANI

verbo (note pag)	modello	pag	ausiliare
abbandonare	amare	5	avere
abbellire	finire	8	avere
abbrustolire	finire	8	avere
abbrutire	finire	8	ess/av
abitare	amare	5	avere
abituare	amare	5	avere
abolire	finire	8	avere
abortire	finire	8	avere
accadere (115)	cadere	31	essere
accanirsi	finire	8	essere
accendere (114)	~endere	12	avere
accettare	amare	5	avere
accingersi	~gere	16	essere
accludere	~dere	10	avere
accogliere	~gliere	18	avere
accompagnare	amare	5	avere
accondiscendere	~endere	12	avere
acconsentire	seguire	7	avere
accorgersi	~gere	16	essere
accorrere	correre	39	essere
accrescere (116)	crescere	40	ess/av
accudire	finire	8	avere
accusare	amare	5	avere
acquisire	finire	8	avere
acquistare	amare	5	avere
acuire	finire	8	avere
addire (117)	dire	43	avere
addivenire	venire	109	essere
addolcire	finire	8	ess/
addurre (114)	~durre	11	avere
adempiere	compiere	34	avere
adempire	riempire	80	avere
aderire	finire	8	avere
adibire	finire	8	avere
adire	finire	8	avere
adoperare	amare	5	avere
affermare	amare	5	avere
affidare	amare	5	avere
affievolire	finire	8	ess/av
affiggere	~figgere	15	avere
affliggere	~ggere	17	avere
affluire	finire	8	essere
affrontare	amare	5	avere
aggiornare	amare	5	avere
aggiungere	~gere	16	avere
aggredire	finire	8	avere
agire	finire	8	avere
allargare	~care ~gare	9	avere
alleggerire	finire	8	avere
allestire	finire	8	avere
allibire	finire	8	essere
alludere	~dere	10	avere
alzare	amare	5	avere
amare	amare	5	avere
ambire	finire	8	avere
ammansire	finire	8	ess/av
ammattire	finire	8	essere
ammazzare	amare	5	avere

LISTA DEI VERBI ITALIANI

verbo (note pag)	modello	pag	ausiliare
ammettere	mettere	62	avere
ammonire	finire	8	avere
ammorbidire	finire	8	avere
ammuffire	finire	8	ess/av
ammutolire	finire	8	ess/av
amnistiare	~iare (2)	20	avere
andare (115)	andare	27	essere
annerire	finire	8	ess/av
annettere (114)	~ettere	14	avere
annichilire	finire	8	ess/av
annuire	finire	8	avere
anteporre	porre	74	avere
apparire (115)	~parire	22	essere
appartenere (121)	tenere	102	ess/av
appassire	finire	8	ess/av
appendere	~endere	12	avere
appesantire	finire	8	avere
appiattire	finire	8	avere
applicare	~care ~gare	9	avere
apporre	porre	74	avere
apprendere	~endere	12	avere
apprezzare	amare	5	avere
approfittare	amare	5	avere
approfondire	finire	8	avere
approvare	amare	5	avere
appuntire	finire	8	avere
aprire (115)	aprire	28	avere
ardere	~dere	10	ess/av
ardire	finire	8	avere
arrabbiarsi	amare	5	essere
arrendersi (114)	~endere	12	essere
arricchire	finire	8	ess/av
arridere (114)	~dere	10	avere
arrivare	amare	5	essere
arrossire	finire	8	essere
arrostire	finire	8	ess/av
arrugginire	finire	8	ess/av
artefare	fare	55	avere
ascendere (114)	~endere	12	ess/av
ascoltare	amare	5	avere
ascrivere	scrivere	89	avere
aspergere	~ergere	13	avere
aspettare	amare	5	avere
assalire (120)	salire	86	avere
assentire	seguire	7	avere
asserire	finire	8	avere
assicurare	amare	5	avere
assidersi (114)	~dere	10	essere
assistere	~sistere	24	avere
assolvere	~solvere	25	avere
assopire	finire	8	avere
assuefare (117)	fare	55	avere
assumere	~sumere	26	avere
assurgere	~gere	16	essere
astenersi (121)	tenere	102	essere
astergere (114)	~ergere	13	avere
astrarre	trarre	104	avere
astringere	stringere	99	avere

LISTA DEI VERBI ITALIANI

verbo (note pag)	modello	pag	ausiliare	verbo (note pag)	modello	pag	ausiliare
attaccare	~care ~gare	9	avere	basare	amare	5	avere
attecchire	finire	8	ess/av	bastare	amare	5	essere
attendere	~endere	12	avere	battere	credere	6	avere
attenere (121)	tenere	102	ess/av	benedire (117)	dire	43	avere
atterrire	finire	8	ess/av	bere (115)	bere	30	avere
attingere	~gere	16	avere	bisognare	amare	5	—
attorcere	torcere	103	avere	blandire	finire	8	avere
attrarre	trarre	104	avere	bloccare	~care ~gare	9	avere
attraversare	amare	5	avere	brandire	finire	8	avere
attribuire	finire	8	avere	bucare	~care ~gare	9	avere
attutire	finire	8	avere	buttare	amare	5	avere
augurare	amare	5	avere	cadere	cadere	31	essere
aumentare	amare	5	ess/av	calere (115)	calere	32	—
avere	avere	29	avere	cambiare (114)	~iare (1)	19	ess/av
avvalersi	valere	107	essere	camminare	amare	5	avere
avvedersi (121)	vedere	108	essere	capire	finire	8	avere
avvenire (122)	venire	109	essere	capitare	amare	5	essere
avvertire	seguire	7	avere	capovolgere	~gere	16	avere
avviare	~iare (2)	20	avere	carpire	finire	8	avere
avvicinare	amare	5	avere	cedere	credere	6	avere
avvilire	finire	8	avere	cercare	~care ~gare	9	avere
avvincere	vincere	110	avere	chiamare	amare	5	avere
avvisare	amare	5	avere	chiarire	finire	8	avere
avvizzire	finire	8	ess/av	chiedere (116)	chiedere	33	avere
avvolgere	~gere	16	avere	chiudere	~dere	10	avere
azzittire	finire	8	ess/av	cingere	~gere	16	avere
baciare	~iare (1)	19	avere	circoncidere	~dere	10	avere
bandire	finire	8	avere	circoscrivere	scrivere	89	avere
barrire	finire	8	avere	circuire	finire	8	avere

LISTA DEI VERBI ITALIANI

verbo (note pag)	modello	pag	ausiliare
citare	amare	5	avere
coesistere (115)	~sistere	24	essere
cogliere	~gliere	18	avere
coincidere (114)	~dere	10	avere
coinvolgere	~gere	16	avere
collegare	~care ~gare	9	avere
collidere (114)	~dere	10	avere
colludere (114)	~dere	10	avere
colorire	finire	8	avere
colpire	finire	8	avere
combattere	credere	6	avere
cominciare	~iare (1)	19	ess/av
commettere	mettere	62	avere
commuovere	muovere	64	avere
comparire	~parire	22	essere
compatire	finire	8	avere
competere	credere	6	avere
compiacere (119)	piacere	72	avere
compiangere	~gere	16	avere
compiere	compiere	34	avere
compire	riempire	80	avere
comporre	porre	74	avere
comportare	amare	5	avere
comprare	amare	5	avere
comprendere	~endere	12	avere
comprimere	~primere	23	avere
compromettere	mettere	62	avere
comunicare	~care ~gare	9	avere
concedere (116)	concedere	35	avere

verbo (note pag)	modello	pag	ausiliare
concentrare	amare	5	avere
concepire	finire	8	avere
concernere (113)	credere	6	—
conchiudere (114)	~dere	10	avere
concludere	~dere	10	avere
concorrere	correre	39	avere
concupire	finire	8	avere
condire	finire	8	avere
condiscendere	~endere	12	avere
condividere	~dere	10	avere
condurre	~durre	11	avere
confarsi (118)	fare	55	essere
conferire	finire	8	avere
confermare	amare	5	avere
configgere	~ggere	17	avere
confluire	finire	8	ess/av
confondere	fondere	56	avere
congiungere	~gere	16	avere
connettere	~ettere	14	avere
conoscere (116)	conoscere	36	avere
conquidere (114)	~dere	10	avere
consegnare	amare	5	avere
conseguire	seguire	7	avere
consentire	seguire	7	avere
considerare	amare	5	avere
consigliare	~iare (1)	19	avere
consistere (115)	~sistere	24	essere
contare	amare	5	avere
contendere	~endere	12	avere

LISTA DEI VERBI ITALIANI

verbo (note pag)	modello	pag	ausiliare	verbo (note pag)	modello	pag	ausiliare
contenere	tenere	102	avere	costruire	finire	8	avere
continuare	amare	5	ess/av	creare	amare	5	avere
contorcere	torcere	103	avere	credere	credere	6	avere
contraddire (117)	dire	43	avere	crescere (116)	crescere	40	ess/av
contraddistinguere	distinguere	45	vere	criticare	~care ~gare	9	avere
contraffare (118)	fare	55	aver	crocefiggere	~figgere	15	avere
contrapporre	porre	74	avere	crocifiggere	~figgere	15	avere
contrarre	trarre	104	avere	cucire (113)	seguire	7	avere
contravvenire	venire	109	avere	cuocere (116)	cuocere	41	avere
contribuire	finire	8	avere	curare	amare	5	avere
controllare	amare	5	avere	custodire	finire	8	avere
contundere	contundere	37	avere	dare (116)	dare	42	avere
convenire (122)	venire	109	ess/av	decadere	cadere	31	essere
convergere (113)	credere	6	—	decidere	~dere	10	avere
convergere (114)	~ergere	13	essere	decomporre (119)	porre	74	avere
convertire	seguire	7	avere	decomprimere	~primere	23	avere
convincere	vincere	110	avere	decorrere (116)	correre	39	essere
convivere (122)	vivere	111	ess/av	decrescere (116)	crescere	40	essere
copiare	~iare (1)	19	avere	dedicare	~care ~gare	9	avere
coprire (116)	coprire	33	avere	dedurre	~durre	11	avere
correggere	~ggere	17	avere	deferire	finire	8	avere
correre (116)	correre	39	ess/av	definire	finire	8	avere
corrispondere	rispondere	84	avere	deflettere	~ettere	14	avere
corrodere	~dere	10	avere	defluire	finire	8	essere
corrompere	rompere	85	avere	defungere	~gere	16	essere
cospargere	spargere	96	avere	deglutire	finire	8	avere
costare	amare	5	essere	delinquere (113)	credere	6	—
costituire	finire	8	avere	deludere	~dere	10	avere
costringere	stringere	99	avere	demolire	finire	8	avere

LISTA DEI VERBI ITALIANI

verbo (note pag)	modello	pag	ausiliare
demordere (114)	~dere	10	avere
deperire	finire	8	essere
deporre	porre	74	avere
deprimere	~primere	23	avere
deridere	~dere	10	avere
derivare	amare	5	ess/av
descrivere	scrivere	89	avere
desiare	~iare (2)	20	avere
desistere	~sistere	24	avere
desumere	~sumere	26	avere
detenere	tenere	102	avere
detergere (114)	~ergere	13	avere
determinare	amare	5	avere
detrarre	trarre	104	avere
deviare	~iare (2)	20	avere
devolvere	evolvere	54	avere
dichiarare	amare	5	avere
difendere	~endere	12	avere
differire	finire	8	avere
diffondere	fondere	56	avere
digerire	finire	8	avere
diligere	~igere	21	avere
diluire	finire	8	avere
dimagrire	finire	8	essere
dimenticare	~care ~gare	9	avere
dimettersi	mettere	62	essere
diminuire	finire	8	ess/av
dimostrare	amare	5	avere
dipartire	seguire	7	ess/av
dipendere	~endere	12	essere
dipingere	~gere	16	avere
dire (117)	dire	43	avere
dirigere (115)	~igere	21	avere
dirimere (113)	credere	6	—
dirompere (120)	rompere	85	ess/av
disassuefare	fare	55	avere
disattendere	~endere	12	avere
discendere (114)	~endere	12	ess/av
discernere (113)	credere	6	—
dischiudere	~dere	10	avere
disciogliere	~gliere	18	avere
disconnettere	~ettere	14	avere
disconoscere	conoscere	36	avere
discoprire	coprire	38	avere
discorrere	correre	39	avere
discutere (117)	discutere	44	avere
disdire (117)	dire	43	avere
disegnare	amare	5	avere
disfare (118)	fare	55	avere
disgiungere	~gere	16	avere
disilludere	~dere	10	avere
disparire	~parire	22	essere
disperdere	~dere	10	avere
dispiacere	piacere	72	essere
disporre	porre	74	avere
disquisire	finire	8	avere
dissentire	seguire	7	avere
disseppellire	seppellire	93	essere

LISTA DEI VERBI ITALIANI

verbo (note pag)	modello	pag	ausiliare
dissolvere	~solvere	25	avere
dissuadere	~dere	10	avere
distendere	~endere	12	avere
distinguere (117)	distinguere	45	avere
distogliere	~gliere	18	avere
distorcere	torcere	103	avere
distrarre	trarre	104	avere
distribuire	finire	8	avere
distruggere	~ggere	17	avere
disubbidire (113)	finire	8	avere
disunire	finire	8	avere
disviare	~iare (2)	20	avere
disvolgere	~gere	16	avere
divellere	divellere	46	avere
divenire (122)	venire	109	essere
diventare	amare	5	essere
divergere (113)	credere	6	—
divertire	seguire	7	avere
dividere	~dere	10	avere
dolere (117)	dolere	47	ess/av
domandare	amare	5	avere
dormire (113)	seguire	7	avere
dovere (117)	dovere	48	ess/av
durare	amare	5	ess/av
eccellere	eccellere	49	ess/av
eccepire	finire	8	avere
effondere	fondere	56	ess/av
eleggere	~ggere	17	avere
elidere	~dere	10	avere

verbo (note pag)	modello	pag	ausiliare
eliminare	amare	5	avere
eludere	~dere	10	avere
emergere	~ergere	13	essere
emettere	mettere	62	avere
empiere (116)	compiere	34	avere
empire	riempire	80	avere
entrare	amare	5	essere
equivalere (121)	valere	107	ess/av
ergere (114)	~gere	16	avere
erigere	~igere	21	avere
erodere	~dere	10	avere
erompere (120)	rompere	85	avere
erudire	finire	8	avere
esaudire	finire	8	avere
esaurire (113)	finire	8	avere
escludere	~dere	10	avere
esibire	finire	8	avere
esigere (117)	esigere	50	avere
esimere (113)	credere	6	—
esistere	~sistere	24	essere
esordire	finire	8	avere
espandere	spandere	95	avere
espellere	espellere	51	avere
espiare	~iare (2)	20	avere
esplodere (114)	~dere	10	ess/av
esporre	porre	74	avere
esprimere	~primere	23	avere
espungere	~gere	16	avere
essere	essere	52	essere

LISTA DEI VERBI ITALIANI

verbo (note pag)	modello	pag	ausiliare	verbo (note pag)	modello	pag	ausiliare
estendere	~endere	12	avere	forbire	finire	8	avere
estinguere (117)	estinguere	53	avere	formare	amare	5	avere
estorcere	torcere	103	avere	fornire	finire	8	avere
estrarre	trarre	104	avere	fraintendere	~endere	12	avere
estroflettersi	mettere	62	essere	framettere	mettere	62	avere
estromettere	mettere	62	avere	frangere	~gere	16	avere
estrudere (114)	~dere	10	avere	frapporre	porre	74	avere
evadere (114)	~dere	10	ess/av	fregare	~care ~gare	9	avere
evincere	vincere	110	avere	frequentare	amare	5	avere
evitare	amare	5	avere	friggere	~ggere	17	avere
evolvere	evolvere	54	ess/av	fruire	finire	8	avere
fallire	finire	8	ess/av	fuggire	seguire	7	essere
farcire	finire	8	avere	fulgere (118)	fulgere	57	—
fare (117)	fare	55	avere	fumare	amare	5	avere
favorire	finire	8	avere	fungere	~gere	16	avere
ferire	finire	8	avere	fuoriuscire	uscire	106	essere
fermare	amare	5	avere	fuorviare	~iare (2)	20	avere
fervere (113)	credere	6	—	garantire	finire	8	avere
festeggiare	~iare (1)	19	avere	genuflettersi	~ettere	14	essere
figgere	~ggere	17	avere	gestire	finire	8	avere
figurare	amare	5	avere	ghermire	finire	8	avere
fingere	~gere	16	avere	giacere (118)	giacere	58	ess/av
finire (113)	finire	8	ess/av	giocare (113)	~care ~gare	9	avere
fiorire	finire	8	ess/av	gioire	finire	8	avere
firmare	amare	5	avere	girare	amare	5	ess/av
fissare	amare	5	avere	giudicare	~care ~gare	9	avere
flettere	~ettere	14	avere	giungere	~gere	16	essere
fluire	finire	8	essere	giurare	amare	5	avere
fondere	fondere	56	avere	giustapporre	porre	74	avere

LISTA DEI VERBI ITALIANI

verbo (note pag)	modello	pag	ausiliare
godere	godere	59	avere
gradire	finire	8	avere
gremire	finire	8	avere
grugnire	finire	8	avere
guadagnare	amare	5	avere
guaire	finire	8	avere
guardare	amare	5	avere
guarire	finire	8	ess/av
guarnire	finire	8	avere
illanguidire	finire	8	ess/av
illudere	~dere	10	avere
imbarbarire	finire	8	ess/av
imbastardire	finire	8	ess/av
imbastire	finire	8	avere
imbevere (115)	bere	30	avere
imbizzarrire	finire	8	ess/av
imborghesire	finire	8	ess/av
imbottire	finire	8	avere
imbruttire	finire	8	ess/av
immaginare	amare	5	avere
immalinconire	finire	8	ess/av
immergere	~ergere	13	avere
immettere	mettere	62	avere
immiserire	finire	8	ess/av
impadronirsi	finire	8	essere
impallidire	finire	8	essere
imparare	amare	5	avere
impartire	finire	8	avere
impaurire	finire	8	avere
impazzire	finire	8	essere
impedire	finire	8	avere
impegnare	amare	5	avere
impensierire	finire	8	avere
impiegare	~care ~gare	9	avere
impietosire	finire	8	avere
impigrire	finire	8	ess/av
implodere (114)	~dere	10	essere
impoltronire	finire	8	ess/av
imporre	porre	74	avere
importare	amare	5	ess/av
impratichire	finire	8	avere
imprendere	~endere	12	avere
impreziosire	finire	8	avere
imprimere	~primere	23	avere
imputridire	finire	8	ess/av
impuzzolentire	finire	8	avere
inacerbire	finire	8	ess/av
inacidire	finire	8	ess/av
inaridire	finire	8	ess/av
inasprire	finire	8	ess/av
incallire	finire	8	ess/av
incanaglire	finire	8	ess/av
incancrenire	finire	8	ess/av
incaparbire	finire	8	essere
incaponirsi	finire	8	essere
incarognire	finire	8	ess/av
incartapecorire	finire	8	ess/av
incattivire	finire	8	ess/av

LISTA DEI VERBI ITALIANI

verbo (note pag)	modello	pag	ausiliare
incenerire	finire	8	avere
incidere	~dere	10	avere
incivilire	finire	8	ess/av
includere	~dere	10	avere
incogliere	~gliere	18	essere
incollerire	finire	8	essere
incombere (113)	credere	6	—
incominciare	~iare (1)	19	ess/av
incontrare	amare	5	avere
incorrere	correre	39	essere
incrudelire	finire	8	ess/av
incuriosire	finire	8	avere
incurvire	finire	8	ess/av
incutere (118)	incutere	60	avere
indebolire	finire	8	ess/av
indicare	~care ~gare	9	avere
indire (117)	dire	43	avere
indispettire	finire	8	avere
indisporre	porre	74	avere
individuare	amare	5	avere
indolcire	finire	8	avere
indolenzire	finire	8	ess/av
indulgere	~gere	16	avere
indurire	finire	8	ess/av
indurre	~durre	11	avere
inebetire	finire	8	ess/av
inerire (113)	finire	8	—
infarcire	finire	8	avere
infastidire	finire	8	avere

verbo (note pag)	modello	pag	ausiliare
inferire (118)	inferire	61	avere
inferocire	finire	8	ess/av
infervorire	finire	8	avere
infiacchire	finire	8	ess/av
infierire	finire	8	avere
infiggere	~figgere	17	avere
infingere	~gere	16	avere
infittire	finire	8	ess/av
infliggere	~ggere	17	avere
influire	finire	8	ess/av
infondere	fondere	56	avere
informare	amare	5	avere
infrangere	~gere	16	avere
infreddolire	finire	8	essere
ingelosire	finire	8	ess/av
ingentilire	finire	8	ess/av
ingerire	finire	8	avere
ingiallire	finire	8	ess/av
ingigantire	finire	8	ess/av
ingiungere	~gere	16	avere
ingobbire	finire	8	essere
ingolosire	finire	8	ess/av
ingrandire	finire	8	ess/av
ingrugnire	finire	8	essere
inibire	finire	8	avere
iniziare	~iare (1)	19	ess/av
innervosire	finire	8	avere
inorgoglire	finire	8	ess/av
inorridire	finire	8	ess/av

LISTA DEI VERBI ITALIANI

verbo (note pag)	modello	pag	ausiliare
inquisire	finire	8	avere
insaporire	finire	8	avere
insegnare	amare	5	avere
inseguire	seguire	7	avere
inselvatichire	finire	8	ess/av
inserire	finire	8	avere
insignire	finire	8	avere
insipidire	finire	8	ess/av
insistere	~sistere	24	avere
insolentire	finire	8	avere
insorgere	~gere	16	essere
insospettire	finire	8	avere
insuperbire	finire	8	ess/av
intendere	~endere	12	avere
intenerire	finire	8	ess/av
interagire	finire	8	avere
interconnettere	~ettere	14	avere
intercorrere (116)	correre	39	essere
interdire (117)	dire	43	avere
interessare	amare	5	ess/av
interferire	finire	8	avere
interloquire	finire	8	avere
interporre	porre	74	avere
interpretare	amare	5	avere
interrompere	rompere	85	avere
intervenire	venire	109	essere
intestardirsi	finire	8	essere
intiepidire	finire	8	ess/av
intimidire	finire	8	ess/av
intimorire	finire	8	avere
intingere	~gere	16	avere
intirizzire	finire	8	ess/av
intontire	finire	8	ess/av
intorbidire	finire	8	ess/av
intorpidire	finire	8	ess/av
intraprendere	~endere	12	avere
intrattenere (121)	tenere	102	avere
intravedere (122)	vedere	108	avere
intridere	~dere	10	avere
intristire	finire	8	essere
introdurre	~durre	11	avere
intromettere (119)	mettere	62	avere
intrudere	~dere	10	avere
intuire	finire	8	avere
inturgidire	finire	8	essere
inumidire	finire	8	avere
invadere	~dere	10	avere
invaghirsi	finire	8	essere
inveire	finire	8	avere
invelenire	finire	8	ess/av
inventare	amare	5	avere
invertire	seguire	7	avere
investire	seguire	7	avere
inviare	~iare (2)	20	avere
inviperire	finire	8	essere
invitare	amare	5	avere
involgarire	finire	8	ess/av
involgere	~gere	16	avere

LISTA DEI VERBI ITALIANI

verbo (note pag)	modello	pag	ausiliare
irrancidire	finire	8	essere
irretire	finire	8	avere
irridere	~dere	10	avere
irrigidire	finire	8	avere
irrobustire	finire	8	avere
irrompere (120)	rompere	85	—
irruvidire	finire	8	ess/av
iscrivere	scrivere	89	avere
ispessire	finire	8	avere
isterilire	finire	8	avere
istituire	finire	8	avere
istruire	finire	8	avere
istupidire	finire	8	ess/av
lambire	finire	8	avere
lamentare	amare	5	avere
lanciare	~iare (1)	19	avere
lasciare	~iare (1)	19	avere
lavare	amare	5	avere
lavorare	amare	5	avere
ledere	~dere	10	avere
legare	~care ~gare	9	avere
leggere	~ggere	17	avere
lenire	finire	8	avere
levare	amare	5	avere
liberare	amare	5	avere
limitare	amare	5	avere
liquefare (118)	fare	55	avere
lucere (113)	credere	6	—
maledire (117)	dire	43	avere

verbo (note pag)	modello	pag	ausiliare
mancare	~care ~gare	9	avere
mandare	amare	5	avere
mangiare	~iare (1)	19	avere
manomettere	mettere	62	avere
mantenere (121)	tenere	102	avere
marcire	finire	8	ess/av
meritare	amare	5	avere
mettere	mettere	62	avere
migliorare	amare	5	ess/av
mingere (114)	~gere	16	—
misconoscere	conoscere	36	avere
modificare	~care ~gare	9	avere
mordere	~dere	10	avere
morire	morire	63	essere
mostrare	amare	5	avere
mungere	~gere	16	avere
munire	finire	8	avere
muovere (119)	muovere	64	avere
nascere	nascere	65	essere
nascondere (119)	nascondere	66	avere
negligere (115)	~igere	21	avere
nitrire	finire	8	avere
notare	amare	5	avere
nuocere (119)	nuocere	67	avere
obbedire	finire	8	avere
obbligare	~care ~gare	9	avere
obliare	~iare (2)	20	avere
occludere	~dere	10	avere
occorrere (116)	correre	39	essere

LISTA DEI VERBI ITALIANI

verbo (note pag)	modello	pag	ausiliare
occupare	amare	5	avere
offendere (114)	~endere	12	avere
offrire (119)	offrire	68	avere
omettere	mettere	62	avere
opporre	porre	74	avere
opprimere	~primere	23	avere
ordire	finire	8	avere
organizzare	amare	5	avere
osservare	amare	5	avere
ostruire	finire	8	avere
ottenere	tenere	102	avere
ovviare	~iare (2)	20	avere
pagare	~care ~gare	9	avere
parere	parere	69	essere
parlare	amare	5	avere
partecipare	amare	5	avere
partire	seguire	7	essere
partorire (113)	finire	8	avere
passare	amare	5	ess/av
patire	finire	8	avere
pattuire	finire	8	avere
pendere (113)	credere	6	—
pensare	amare	5	avere
pentirsi	seguire	7	essere
percepire	finire	8	avere
percorrere	correre	39	avere
percuotere (119)	percuotere	70	avere
perdere (114)	~dere	10	avere
perire	finire	8	essere

verbo (note pag)	modello	pag	ausiliare
permanere (119)	permanere	71	—
permettere	mettere	62	avere
perquisire	finire	8	avere
persistere	~sistere	24	avere
persuadere	~dere	10	avere
pervadere	~dere	10	avere
pervenire	venire	109	essere
pesare	amare	5	ess/av
piacere (119)	piacere	72	essere
piangere	~gere	16	avere
pigliare	~iare (1)	19	avere
piovere (119)	piovere	73	ess/av
plaudere (113)	credere	6	—
plaudire	seguire	7	avere
poltrire	finire	8	avere
porgere	~gere	16	avere
porre (119)	porre	74	avere
portare	amare	5	avere
posporre	porre	74	avere
possedere	sedere	92	avere
potere (119)	potere	75	ess/av
preavvertire	seguire	7	avere
precludere	~dere	10	avere
precorrere	correre	39	avere
prediligere	~igere	21	avere
predire (117)	dire	43	avere
predisporre	porre	74	avere
preesistere (115)	~sistere	24	essere
preferire	finire	8	avere

LISTA DEI VERBI ITALIANI

verbo (note pag)	modello	pag	ausiliare
prefiggere	~figgere	15	avere
pregare	~care ~gare	9	avere
preludere (114)	~dere	10	avere
premettere	mettere	62	avere
premunire	finire	8	avere
prendere	~endere	12	avere
preoccupare	amare	5	avere
preparare	amare	5	avere
preporre	porre	74	avere
presagire	finire	8	avere
prescegliere	~gliere	18	avere
prescindere (120)	scindere	88	avere
prescrivere	scrivere	89	avere
presentare	amare	5	avere
presentire	seguire	7	avere
presiedere	presiedere	76	avere
prestabilire	finire	8	avere
prestare	amare	5	avere
presumere	~sumere	26	avere
presupporre	porre	74	avere
pretendere	~endere	12	avere
prevalere	valere	107	ess/av
prevedere (122)	vedere	108	avere
prevenire	venire	109	avere
produrre	~durre	11	avere
proferire	finire	8	avere
profondere	fondere	56	avere
progredire	finire	8	ess/av
proibire	finire	8	avere
proludere	~dere	10	avere
promettere	mettere	62	avere
promuovere	muovere	64	avere
propendere (114)	~endere	12	avere
proporre	porre	74	avere
prorompere	rompere	85	avere
prosciogliere	~gliere	18	avere
proscrivere	scrivere	89	avere
proseguire	seguire	7	ess/av
prostituire	finire	8	avere
proteggere	~ggere	17	avere
protendere	~endere	12	avere
protestare	amare	5	avere
protrarre	trarre	104	avere
provare	amare	5	avere
provenire	venire	109	essere
provvedere (122)	vedere	108	avere
prudere (113)	credere	6	—
pubblicare	~care ~gare	9	avere
pulire	finire	8	avere
pungere	~gere	16	avere
punire	finire	8	avere
putrefare	fare	55	ess/av
rabbonire	finire	8	avere
rabbrividire	finire	8	ess/av
racchiudere	~dere	10	avere
raccogliere	~gliere	18	avere
raccomandare	amare	5	avere
raccontare	amare	5	avere

LISTA DEI VERBI ITALIANI

verbo (note pag)	modello	pag	ausiliare	verbo (note pag)	modello	pag	ausiliare
raddolcire	finire	8	avere	regredire	finire	8	ess/av
radere	~dere	10	avere	reinserire	finire	8	avere
raggiungere	~gere	16	avere	rendere	~endere	12	avere
raggranchire	finire	8	essere	repellere	repellere	78	avere
raggrinzire	finire	8	ess/av	reperire	finire	8	avere
rammollire	finire	8	ess/av	reprimere	~primere	23	avere
rannerire	finire	8	ess/av	requisire	finire	8	avere
rapire	finire	8	avere	rescindere	scindere	88	avere
rapprendere (114)	~endere	12	ess/av	resistere	~sistere	24	avere
rappresentare	amare	5	avere	respingere	~gere	16	avere
rarefare (118)	fare	55	avere	restare	amare	5	essere
rattrappire	finire	8	avere	restituire	finire	8	avere
rattristire	finire	8	avere	restringere	stringere	99	avere
ravvedersi (122)	vedere	108	essere	retribuire	finire	8	avere
ravviare	~iare (2)	20	avere	retrocedere (119)	retrocedere	79	ess/av
razziare	~iare (2)	20	avere	riandare (115)	andare	27	essere
reagire	finire	8	avere	riapparire	~parire	22	essere
realizzare	amare	5	avere	riaprire	aprire	28	avere
recensire	finire	8	avere	riassumere	~sumere	26	avere
recepire	finire	8	avere	riavere (115)	avere	29	avere
recidere	~dere	10	avere	ribadire	finire	8	avere
recingere	~gere	16	avere	ribollire	seguire	7	avere
recludere	~dere	10	avere	ricadere	cadere	31	essere
recuperare	amare	5	avere	ricercare	~care ~gare	9	avere
redarguire	finire	8	avere	ricevere	credere	6	avere
redigere (117)	esigere	50	avere	richiamare	amare	5	avere
redimere	redimere	77	avere	richiedere	chiedere	33	avere
reggere	~ggere	17	avere	richiudere	~dere	10	avere
registrare	amare	5	avere	ricominciare	~iare (1)	19	ess/av

LISTA DEI VERBI ITALIANI

verbo (note pag)	modello	pag	ausiliare
ricomparire	~parire	22	essere
ricondurre	~durre	11	avere
riconoscere	conoscere	36	avere
ricoprire	coprire	38	avere
ricordare	amare	5	avere
ricorrere	correre	39	ess/av
ricostituire	finire	8	avere
ridare (116)	dare	42	avere
ridere (113)	~dere	10	avere
ridire	dire	43	avere
ridurre	~durre	11	avere
riempiere (116)	compiere	34	avere
riempire	riempire	80	avere
rientrare	amare	5	essere
riessere (117)	essere	52	essere
rifare (118)	fare	55	avere
riferire	finire	8	avere
rifinire	finire	8	avere
rifiorire	finire	8	ess/av
rifiutare	amare	5	avere
riflettere (119)	riflettere	81	avere
rifluire	finire	8	essere
rifornire	finire	8	avere
rifrangere (120)	rifrangere	82	avere
rifriggere	~ggere	17	avere
rifuggire	seguire	7	ess/av
rifulgere (118)	fulgere	57	—
riguardare	amare	5	avere
rileggere	~ggere	17	avere
rilucere (113)	credere	6	—
rimandare	amare	5	avere
rimanere	rimanere	83	essere
rimbambire	finire	8	ess/av
rimbecillire	finire	8	ess/av
rimboschire	finire	8	ess/av
rimettere	mettere	62	avere
rimminchionire	finire	8	essere
rimordere (114)	~dere	10	avere
rimpiangere	~gere	16	avere
rimpicciolire	finire	8	ess/av
rimuovere	muovere	64	avere
rinascere	nascere	65	essere
rinchiudere	~dere	10	avere
rincitrullire	finire	8	ess/av
rincorrere	correre	39	avere
rincrescere (116)	crescere	40	essere
rincretinire	finire	8	ess/av
ringalluzzire	finire	8	ess/av
ringiovanire	finire	8	ess/av
ringraziare	~iare (1)	19	avere
rinsavire	finire	8	ess/av
rinsecchire	finire	8	ess/av
rinunciare	~iare (1)	19	avere
rinvenire	venire	109	avere
rinverdire	finire	8	ess/av
rinviare	~iare (2)	20	avere
rinvigorire	finire	8	ess/av
ripercuotere (119)	percuotere	70	avere

LISTA DEI VERBI ITALIANI

verbo (note pag)	modello	pag	ausiliare
ripetere	credere	6	avere
riporre	porre	74	avere
riprendere	~endere	12	avere
riprodurre	~durre	11	avere
ripromettersi	mettere	62	essere
riproporre	porre	74	avere
ripulire	finire	8	avere
risalire (120)	salire	86	ess/av
risapere (120)	sapere	87	avere
risarcire	finire	8	avere
rischiare	~iare (1)	19	avere
riscoprire	coprire	38	avere
riscrivere	scrivere	89	avere
riscuotere	scuotere	90	avere
risentire	seguire	7	avere
risolvere (115)	~solvere	25	avere
risorgere	~gere	16	essere
risparmiare	~iare (1)	19	avere
rispettare	amare	5	avere
risplendere (113)	credere	6	—
rispondere (120)	rispondere	84	avere
ristabilire	finire	8	avere
risultare	amare	5	essere
ritenere (121)	tenere	102	avere
ritirare	amare	5	avere
ritorcere (121)	torcere	103	avere
ritornare	amare	5	ess/av
ritrarre	trarre	104	avere
ritrovare	amare	5	avere
riunire	finire	8	avere
riuscire	uscire	106	essere
rivalersi	valere	107	essere
rivedere (122)	vedere	108	avere
rivestire	seguire	7	avere
rivivere	vivere	111	ess/av
rivolgere	~gere	16	avere
rodere	~dere	10	avere
rompere	rompere	85	avere
sacrificare	~care ~gare	9	avere
salire (120)	salire	86	ess/av
saltare	amare	5	ess/av
salutare	amare	5	avere
sancire	finire	8	avere
sapere (120)	sapere	87	avere
sbagliare	~iare (1)	19	avere
sbalorcire	finire	8	avere
sbiadire	finire	8	ess/av
sbigottire	finire	8	ess/av
sbizzarrire	finire	8	avere
scadere (115)	cadere	31	essere
scalfire	finire	8	avere
scandire	finire	8	avere
scappare	amare	5	essere
scaturire	finire	8	essere
scegliere	~gliere	18	avere
scendere (114)	~endere	12	ess/av
scernere (113)	credere	6	—
schermire	finire	8	avere

LISTA DEI VERBI ITALIANI

verbo (note pag)	modello	pag	ausiliare
schernire	finire	8	avere
scherzare	amare	5	avere
schiarire	finire	8	ess/av
schiudere	~dere	10	avere
sciare (115)	~iare (2)	20	avere
scindere	scindere	88	avere
sciogliere	~gliere	18	avere
scolorire	finire	8	ess/av
scolpire	finire	8	avere
scommettere	mettere	62	avere
scomparire	~parire	22	essere
scomporre	porre	74	avere
sconfiggere	~ggere	17	avere
sconnettere	~ettere	14	avere
sconvolgere	~gere	16	avere
scoprire	coprire	38	avere
scordare	amare	5	avere
scorgere	~gere	16	avere
scorrere (116)	correre	39	ess/av
scrivere	scrivere	89	avere
scuocere (116)	cuocere	40	avere
scuotere (120)	scuotere	90	avere
scurire	finire	8	ess/av
scusare	amare	5	avere
sdilinquire	finire	8	avere
secernere (120)	secernere	91	avere
sedere (120)	sedere	92	avere
sedurre	~durre	11	avere
segnalare	amare	5	avere
segnare	amare	5	avere
seguire (113)	seguire	7	avere
sembrare	amare	5	essere
sentire	seguire	7	avere
separare	amare	5	avere
seppellire (120)	seppellire	93	avere
servire	seguire	7	ess/av
sfiorire	finire	8	essere
sfoltire	finire	8	avere
sfruttare	amare	5	avere
sfuggire	seguire	7	ess/av
sgranchire	finire	8	avere
sgualcire	finire	8	avere
sguarnire	finire	8	avere
significare	~care ~gare	9	avere
sistemare	amare	5	avere
smaltire	finire	8	avere
smarrire	finire	8	avere
smentire	finire	8	avere
smettere	mettere	62	avere
sminuire	finire	8	ess/av
smungere	~gere	16	avere
smuovere	muovere	64	avere
snellire	finire	8	avere
socchiudere	~dere	10	avere
soccombere (113)	credere	6	—
soccorrere	correre	39	avere
soddisfare (118)	fare	55	avere
soffriggere	~ggere	17	avere

LISTA DEI VERBI ITALIANI

verbo (note pag)	modello	pag	ausiliare
soffrire	offrire	68	avere
soggiacere	giacere	58	ess/av
soggiungere	~gere	16	avere
solere (120)	solere	94	—
sommare	amare	5	avere
sommergere	~ergere	13	avere
sopire	finire	8	avere
sopperire	finire	8	avere
sopprimere	~primere	23	avere
sopraffare (118)	fare	55	avere
sopraggiungere	~gere	16	essere
soprassedere (120)	sedere	92	avere
sopravvenire	venire	109	essere
sopravvivere (122)	vivere	111	ess/av
sorbire	finire	8	avere
sorgere	~gere	16	essere
sorprendere	~endere	12	avere
sorreggere	~ggere	17	avere
sorridere	~dere	10	avere
sospendere	~dere	10	avere
sospingere	~gere	16	avere
sostenere	tenere	102	avere
sostituire	finire	8	avere
sottacere (121)	tacere	101	avere
sottendere	~endere	12	avere
sottintendere	~endere	12	avere
sottolineare	amare	5	avere
sottomettere	mettere	62	avere
sottoporre	porre	74	avere
sottoscrivere	scrivere	89	avere
sottostare	stare	98	essere
sottrarre	trarre	104	avere
sovraintendere	~endere	12	avere
sovrapporre	porre	74	avere
sovrastare	amare	98	avere
sovresporre	porre	74	avere
sovvenire (122)	venire	109	essere
sovvertire	seguire	7	avere
spandere	spandere	95	avere
spargere	spargere	96	avere
sparire	finire	8	essere
spaurire	finire	8	avere
spazientire	finire	8	avere
spedire	finire	8	avere
spegnere (120)	spegnere	97	avere
spendere	~endere	12	avere
spengere	~gere	16	avere
sperare	amare	5	avere
sperdere (114)	~dere	10	avere
spiacere	piacere	72	essere
spiare	~iare (2)	20	avere
spiegare	~care ~gare	9	avere
spingere	~gere	16	avere
spiovere (119)	piovere	73	ess/av
splendere	credere	6	—
sporcare	~care ~gare	9	avere
sporgere	~gere	16	avere
sposare	amare	5	avere

LISTA DEI VERBI ITALIANI

verbo (note pag)	modello	pag	ausiliare
spostare	amare	5	avere
squittire	finire	8	avere
stabilire	finire	8	avere
staccare	~care ~gare	9	avere
stare	stare	98	essere
starnutire	finire	8	avere
stendere	~endere	12	avere
stingere	~gere	16	ess/av
stizzire	finire	8	avere
storcere	torcere	103	avere
stordire	finire	8	avere
stormire	finire	8	avere
strafare (118)	fare	55	avere
stramaledire (117)	dire	43	avere
stravedere (122)	vedere	108	avere
stravincere	vincere	110	avere
stravolgere	~gere	16	avere
striare	~iare (2)	20	avere
stridere (113)	credere	6	—
striminzire	finire	8	avere
stringere	stringere	99	avere
struggere	~ggere	17	avere
stupefare (118)	fare	55	avere
stupire	finire	8	avere
suadere (114)	~dere	10	avere
subire	finire	8	avere
succedere (121)	succedere	100	essere
succingere	~gere	16	avere
suddistinguere	distinguere	46	avere
suddividere	~dere	10	avere
suggere (113)	credere	6	—
suggerire	finire	8	avere
suonare	amare	5	avere
superare	amare	5	avere
supplire	finire	8	avere
supporre	porre	74	avere
susseguire	seguire	7	ess/av
sussistere (115)	~sistere	24	essere
sussumere	~sumere	26	avere
svanire	finire	8	essere
sveltire	finire	8	avere
svenire (122)	venire	109	essere
svestire	seguire	7	avere
sviare	~iare (2)	20	avere
svilire	finire	8	avere
sviluppare	amare	5	avere
svolgere	~gere	16	avere
tacere (121)	tacere	101	avere
tagliare	~iare (1)	19	avere
tangere (113)	credere	6	—
telefonare	amare	5	avere
tendere	~endere	12	avere
tenere (121)	tenere	102	avere
tentare	amare	5	avere
tergere (114)	~ergere	13	avere
tiepidire	finire	8	avere
tingere	~gere	16	avere
tirare	amare	5	avere

LISTA DEI VERBI ITALIANI

verbo (note pag)	modello	pag	ausiliare
togliere	~gliere	18	avere
torcere	torcere	103	avere
tornare	amare	5	essere
torrefare (118)	fare	55	avere
tradire	finire	8	avere
tradurre	~durre	11	avere
trafiggere	~ggere	17	avere
tramortire	finire	8	avere
transigere (117)	esigere	50	avere
trapungere	~gere	16	avere
trarre	trarre	104	avere
trasalire (120)	salire	86	ess/av
trascendere (114)	~endere	12	ess/av
trascorrere (116)	correre	39	ess/av
trascrivere	scrivere	89	avere
trasferire	finire	8	avere
trasfondere	fondere	56	avere
trasformare	amare	5	avere
trasgredire	finire	8	avere
trasmettere	mettere	62	avere
trasparire (115)	~parre	22	essere
trasporre	porre	74	avere
trattare	amare	5	avere
trattenere	tenere	102	avere
travestire	seguire	7	avere
traviare	~iare (2)	20	avere
travolgere	~gere	16	avere
tripartire	finire	8	avere
trovare	amare	5	avere

verbo (note pag)	modello	pag	ausiliare
tumefare (118)	fare	56	avere
ubbidire	finire	8	avere
uccidere	~dere	10	avere
udire (121)	udire	105	avere
ungere	~gere	16	avere
unire	finire	8	avere
urgere (113)	credere	6	—
usare	amare	5	avere
uscire	uscire	106	essere
usufruire	finire	8	avere
utilizzare	amare	5	avere
vagire	finire	8	avere
valere	valere	107	essere
valutare	amare	5	avere
vedere (121)	vedere	108	avere
vendere	credere	6	avere
venire (122)	venire	109	essere
verificare	~care ~gare	9	avere
vertere (113)	credere	6	—
vestire	seguire	7	avere
vigere (113)	credere	6	—
vilipendere (114)	~endere	12	avere
vincere (122)	vincere	110	avere
vivere (122)	vivere	111	ess/av
volare	amare	5	ess/av
volere (122)	volere	112	avere
volgere	~gere	16	ess/av
votare	amare	5	avere
zittire	finire	56	avere

INDICE

Introduzione 3

Famiglie di tutti i verbi italiani:

~are	5
~ere	6
~ire	7
finire	8
~care, ~gare	9
~dere	10
~durre	11
~endere	12
~ergere	13
~ettere	14
~figgere	15
~gere	16
~ggere	17
~gliere	18
~iare(1)	19
~iare (2)	20
~igere	21
~parire	22
~primere	23
~sistere	24
~solvere	25
~sumere	26
andare	27
aprire	28
avere	29
bere	30
cadere	31
calere	32
chiedere	33
compiere	34
concedere	35
conoscere	36
contundere	37
coprire	38
correre	39
crescere	40
cuocere	41
dare	42
dire	43
discutere	44
distinguere	45
divellere	46
dolere	47
dovere	48
eccellere	49
esigere	50
espellere	51
essere	52
estinguere	53
evolvere	54
fare	55
fondere	56
fulgere	57
giacere	58
godere	59
incutere	60
inferire	61
mettere	62
morire	63
muovere	64
nascere	65
nascondere	66
nuocere	67
offrire	68
parere	69
percuotere	70
permanere	71
piacere	72
piovere	73
porre	74
potere	75
presiedere	76
redimere	77
repellere	78
retrocedere	79
riempire	80
riflettere	81
rifrangere	82
rimanere	83
rispondere	84
rompere	85
salire	86
sapere	87
scindere	88
scrivere	89
scuotere	90
secernere	91
sedere	92
seppellire	93
solere	94
spandere	95
spargere	96
spegnere	97
stare	98
stringere	99
succedere	100
tacere	101
tenere	102
torcere	103
trarre	104
udire	105
uscire	106
valere	107
vedere	108
venire	109
vincere	110
vivere	111
volere	112

Note 113

Lista dei verbi italiani regolari e irregolari 123